Impressum

Saage Media GmbH
c/o SpinLab – The HHL Accelerator
Spinnereistraße 7
04179 Leipzig, Germany
E-Mail: contact@SaageMedia.com
Commercial Register: Local Court Leipzig, HRB 42755 (Handelsregister: Amtsgericht Leipzig, HRB 42755)
Managing Director: Rico Saage (Geschäftsführer)
VAT ID Number: DE369527893 (USt-IdNr.)

SaageBooks.com/de/imprint
Publisher: Saage Media GmbH
Veröffentlichung: 06.2025
Umschlagsgestaltung: Saage Media GmbH
ISBN-Softcover (de): 978-3-69141-147-8
ISBN-Ebook (de): 978-3-69141-146-1

Rechtliches / Hinweise

Die Daten in den Diagrammen, die nicht explizit mit einer Quelle gekennzeichnet sind, basieren nicht auf Studien, sondern sind unverbindliche Annahmen zur besseren Visualisierung.
Dieses Buch wurde unter Verwendung von Künstlicher Intelligenz (KI) und anderen Tools erstellt. Unter anderem wurden Tools für die Recherche, das Schreiben/Lektorieren und die Generierung der dekorativen Illustrationen eingesetzt. Trotz Kontrolle können Fehler nicht vollständig ausgeschlossen werden. Wir möchten betonen, dass der Einsatz von KI als unterstützendes Werkzeug dient, um unseren Lesern ein qualitativ hochwertiges und inspirierendes Leseerlebnis zu bieten.
Die in diesem Buch enthaltenen Verweise beziehen sich auf Online-Quellen, die sorgfältig recherchiert wurden. Die Wiedergabe der Informationen erfolgt stets sinngemäß (paraphrasierend); auf wörtliche Zitate wird verzichtet. Die Interpretation und Darstellung der wiedergegebenen Inhalte spiegelt die Auffassung des Autors wider und muss nicht zwangsläufig mit der Intention oder Meinung der ursprünglichen Autoren übereinstimmen. Bei der sinngemäßen Wiedergabe werden die Kernaussagen der Originalquellen nach bestem Wissen und Gewissen in den Kontext dieses Werkes eingebettet. Dabei kommen zwei Vorgehensweisen zur Anwendung: Sinngemäße Wiedergabe: Kernaussagen werden direkt paraphrasiert und in den thematischen Zusammenhang des Buches gestellt. Übertragung und Anwendung: Erkenntnisse aus einer Quelle, die ursprünglich einem anderen Fachgebiet oder Kontext entstammt, werden auf das spezifische Thema dieses Buches übertragen und angewendet. In beiden Fällen können durch die Übertragung, Vereinfachung und kontextuelle Einbettung die ursprünglichen Formulierungen und Bedeutungsnuancen von den Originalquellen abweichen. Die Verantwortung für die Interpretation und die spezifische Anwendung im Rahmen dieses Buches liegt beim Autor. Alle verwendeten Online-Quellen sind in der Quellenliste am Ende des Buches aufgeführt. Es wird empfohlen, die Originalquellen für Detailinformationen zu konsultieren, wobei die dauerhafte Verfügbarkeit von Online-Inhalten nicht garantiert werden kann. Der Autor hat sich bemüht, komplexe Sachverhalte allgemeinverständlich

darzustellen. Dabei können Vereinfachungen und Verallgemeinerungen nicht ausgeschlossen werden. Für die fachliche Richtigkeit und Vollständigkeit der vereinfachten Darstellungen kann keine Gewähr übernommen werden. Die sinngemäße Wiedergabe von Erkenntnissen erfolgt gewissenhaft unter Beachtung der geltenden urheberrechtlichen Bestimmungen. Bei der Vereinfachung, Übertragung und gegebenenfalls Übersetzung von Inhalten in eine allgemeinverständliche Sprache können Bedeutungsnuancen und fachliche Details verloren gehen. Der Autor erhebt keinen Anspruch auf die Rechte der zitierten Werke und respektiert sämtliche Urheberrechte der Originalautoren. Sollte eine unerlaubte Nutzung festgestellt werden, bittet der Autor um Mitteilung, um entsprechende Maßnahmen zu ergreifen. Für akademische Zwecke und bei der Verwendung als wissenschaftliche Referenz wird ausdrücklich empfohlen, auf die Originalquellen zurückzugreifen. Die vereinfachte Darstellung dient ausschließlich der populärwissenschaftlichen Information.

Dieses Buch über Angststörungen, Angstzustände und Bindungsängste dient ausschließlich zu Informations- und Bildungszwecken. Die vorgestellten Strategien und Techniken zur Angstbewältigung basieren auf aktuellen Erkenntnissen, können jedoch nicht die individuelle Wirksamkeit bei jedem Leser garantieren. Die Inhalte zu sozialen Ängsten, Panikattacken und ängstlichen Bindungsstilen ersetzen keinesfalls eine professionelle psychologische oder medizinische Beratung, Diagnose oder Behandlung. Bei bestehenden psychischen Erkrankungen oder akuten Angstsymptomen wird dringend empfohlen, qualifizierte Fachleute wie Psychotherapeuten, Psychiater oder andere medizinische Experten zu konsultieren. Für die Richtigkeit, Vollständigkeit und Aktualität der dargestellten Methoden zur Angstbewältigung kann keine Gewähr übernommen werden. Die Forschung zu Angststörungen entwickelt sich kontinuierlich weiter, sodass sich Erkenntnisse seit der Drucklegung verändert haben können. Jegliche Haftung für gesundheitliche, psychische oder sonstige Schäden, die durch die Anwendung der beschriebenen Techniken entstehen könnten, wird ausgeschlossen. Die Umsetzung der vorgestellten Übungen und Strategien erfolgt auf eigene Verantwortung. Die im Buch zitierten Quellen zu Angststörungen und Behandlungsmethoden sind im Anhang vollständig aufgeführt.

Cupido A.I. Saage

Ängste überwinden: Angststörungen verstehen und Angstzustände bewältigen

Wirksame Strategien gegen soziale Ängste, Panikattacken und Bindungsängste - Vom ängstlichen Bindungsstil zur emotionalen Stärke

104 Quellen
44 Diagramme
39 Bilder
9 Illustrationen

Inhaltsverzeichnis

Liebe Leserinnen, liebe Leser,

von Herzen danken wir Ihnen, dass Sie sich für dieses Buch entschieden haben. Mit Ihrer Wahl haben Sie uns nicht nur Ihr Vertrauen geschenkt, sondern auch einen Teil Ihrer wertvollen Zeit. Das wissen wir sehr zu schätzen.

Angst ist ein ständiger Begleiter in unserer modernen Gesellschaft - doch wenn sie zum Hindernis wird, braucht es wirksame Strategien zur Bewältigung. Dieses Fachbuch beleuchtet die psychologischen Mechanismen hinter Angststörungen und zeigt den Unterschied zwischen normaler Angst und pathologischen Zuständen auf. Von generalisierten Angststörungen über soziale Ängste bis hin zu Panikattacken und Bindungsängsten werden alle relevanten Erscheinungsformen analysiert. Leser profitieren von einem umfassenden Repertoire an evidenzbasierten Selbsthilfestrategien - von Atemtechniken und kognitiven Methoden bis hin zu therapeutischen Ansätzen wie Exposition und Achtsamkeitsübungen. Besonders wertvoll: Die detaillierte Betrachtung von Ängsten in sozialen Beziehungen und die Transformation vom ängstlichen Bindungsstil zu emotionaler Stärke. Dieses Buch bietet einen strukturierten Weg, um Ängste nicht nur zu verstehen, sondern nachhaltig zu überwinden. Nehmen Sie Ihre emotionale Gesundheit in die eigenen Hände - mit wissenschaftlich fundierten Strategien, die Ihnen helfen, Ängste zu bewältigen und persönliches Wachstum zu fördern.

Dieser Ratgeber bietet Ihnen verständlich aufbereitete und praxisnahe Informationen zu einem komplexen Thema. Dank selbst entwickelter digitaler Tools, die auch neuronale Netze nutzen, konnten wir umfangreiche Recherchen durchführen. Die Inhalte wurden optimal strukturiert und bis zur finalen Fassung ausgestaltet, um Ihnen einen fundierten und leicht zugänglichen Überblick zu ermöglichen. Das Ergebnis: Sie erhalten einen umfassenden Einblick und profitieren von klaren Erklärungen und anschaulichen Beispielen. Auch die visuelle Gestaltung wurde durch diese fortschrittliche Methode optimiert, damit Sie die Informationen schnell erfassen und nutzen können.

Wir bemühen uns um höchste Genauigkeit, sind aber für jeden Hinweis auf mögliche Fehler dankbar. Besuchen Sie unsere Website, um die aktuellsten Korrekturen und Ergänzungen zu diesem Buch zu finden. Diese werden auch in zukünftigen Auflagen berücksichtigt.

Wir hoffen, Sie haben viel Freude beim Lesen und entdecken Neues! Sollten Sie Anregungen, Kritik oder Fragen haben, freuen wir uns über Ihre Rückmeldung. Nur durch den aktiven Austausch mit Ihnen, den Lesern, können zukünftige Auflagen und Werke noch besser werden. Bleiben Sie neugierig!

Cupido A.I. Saage

Saage Media GmbH - Team

- www.SaageBooks.com/de/contact/
- support@saagemedia.com
- Spinnereistraße 7 - c/o SpinLab – The HHL Accelerator, 04179 Leipzig, Germany

Schnell zum Wissen

Für ein optimales Leseerlebnis möchten wir Sie mit den wichtigsten Merkmalen dieses Buches vertraut machen:

- **Modularer Aufbau:** Jedes Kapitel ist in sich abgeschlossen und kann unabhängig von den anderen gelesen werden.
- **Fundierte Recherche:** Alle Kapitel basieren auf gründlicher Recherche und sind mit wissenschaftlichen Quellenangaben belegt. Die in den Diagrammen dargestellten Daten dienen der besseren Visualisierung und beruhen auf Annahmen, nicht auf den in den Quellen angegebenen Daten. Eine umfassende Liste der Quellen und Bildnachweise befindet sich im Anhang.
- **Verständliche Terminologie:** Unterstrichene Fachbegriffe werden im Glossar erläutert.
- **Kapitelzusammenfassungen:** Am Ende jedes Kapitels finden Sie prägnante Zusammenfassungen, die Ihnen einen Überblick über die wichtigsten Punkte geben.
- **Konkrete Handlungsempfehlungen:** Jedes Subkapitel schließt mit einer Liste konkreter Ratschläge ab, die Ihnen helfen sollen, das Gelernte in die Praxis umzusetzen.

Zusätzliche Bonus-Materialien auf unserer Website

Auf unserer Website planen wir Ihnen folgende exklusive Materialien zur Verfügung zu stellen:

- Bonusinhalte und zusätzliche Kapitel
- Eine kompakte Gesamtzusammenfassung
- Eine Hörspiel Version. (In Planung)

Die Website befindet sich derzeit noch im Aufbau.

www.SaageBooks.com/de/aengste-bonus-GNGD6Q

1. Grundlagen der Angst und Angstzustände

Haben Sie sich jemals gefragt, warum Ihr Herz rast und Ihre Hände zittern, obwohl keine reale Gefahr besteht? Unser Nervensystem folgt dabei uralten Überlebensmechanismen, die in der modernen Welt oft fehlinterpretiert werden. Die Grenze zwischen schützender Alarmbereitschaft und lähmender Bedrohung ist fließend und individuell verschieden. Evolutionäre Prozesse haben unsere Reaktionsmuster geprägt, doch nicht jede Angstreaktion ist heute noch sinnvoll oder hilfreich. In diesem Kapitel entschlüsseln wir die verborgene Sprache des Körpers und zeigen, wie aus normalen Empfindungen belastende Zustände entstehen können.

1. 1 Psychologische Mechanismen der Angst

Dieses Kapitel beleuchtet die psychologischen Mechanismen, die Angst entstehen und aufrechterhalten lassen. Das Verständnis dieser Prozesse ist grundlegend, um die Entstehung von Angststörungen zu begreifen und negative Auswirkungen auf das Leben zu reduzieren. Wir betrachten den Zusammenhang zwischen Gedanken, Gefühlen und Verhalten und wie diese Faktoren ineinandergreifen, um Angst zu verstärken. Angst äußert sich nicht nur emotional, sondern auch durch körperliche Reaktionen wie Herzrasen oder Schwindel. Die Fehlinterpretation dieser Symptome kann die Angstspirale weiter antreiben. Die Unterscheidung zwischen normaler Angst und einer Angststörung ist entscheidend für die Wahl des richtigen Umgangs. Dieses Wissen bildet die Basis für die Entwicklung effektiver Strategien zur Angstbewältigung. Lesen Sie weiter, um die Mechanismen Ihrer Angst zu entschlüsseln und den Weg zu mehr Gelassenheit zu finden.

Die Fehlinterpretation körperlicher Angstreaktionen kann die Angst verstärken und zu einem Teufelskreis führen.

Körperliche Reaktionen bei Angstzuständen

Angst äußert sich nicht nur in Gedanken und Gefühlen, sondern auch durch eine Vielzahl körperlicher Reaktionen. Diese entstehen durch die Aktivierung des sympathischen Nervensystems, das den Körper auf eine vermeintliche Gefahr vorbereitet – die sogenannte Kampf-oder-Flucht-Reaktion [s1]. So steigen Herzfrequenz und Blutdruck, die Atmung beschleunigt sich und die Muskeln spannen sich an [s1]. Auch Schwitzen, Zittern, Übelkeit, Schwindel oder Mundtrockenheit können auftreten [s2]. Diese körperlichen Symptome sind zwar unangenehm, aber an sich nicht gefährlich. Sie sind die natürliche Reaktion des Körpers auf Stress und Angst. Das Problem entsteht, wenn diese Reaktionen fehlinterpretiert werden. Ein schneller Herzschlag kann so fälschlicherweise als Anzeichen eines Herzinfarkts gedeutet werden, was die Angst weiter verstärkt [s3]. In der kognitiven Verhaltenstherapie lernt man, diese körperlichen Symptome richtig einzuordnen und zu verstehen [s3]. Entspannungstechniken wie tiefes Atmen oder progressive Muskelentspannung können helfen, die körperlichen Reaktionen zu regulieren und so die Angst zu lindern [s2]. Wenn Sie beispielsweise merken, dass Ihre Hände zittern, atmen Sie tief ein und aus und konzentrieren Sie sich auf das Gefühl der Entspannung in Ihren Muskeln. Auch das bewusste Wahrnehmen der körperlichen Symptome, ohne sie zu bewerten, kann hilfreich sein. Anstatt zu denken "Mein Herz rast, ich muss einen Herzinfarkt haben", versuchen Sie, die Empfindung neutral zu beschreiben: "Ich spüre, wie mein Herz schneller schlägt". Durch diese veränderte Wahrnehmung lässt sich die Angstspirale durchbrechen. Vermeidung, also das Ausweichen vor angstauslösenden Situationen, kann zwar kurzfristig Erleichterung verschaffen, verstärkt aber langfristig die Angst [s4]. Konfrontation mit den gefürchteten Situationen – in Begleitung eines Therapeuten – ist daher ein wichtiger Schritt, um die Angst zu überwinden [s3]. So lernt man, dass die befürchteten

Katastrophen nicht eintreten und die körperlichen Reaktionen abklingen. Adaptive Vermeidungsstrategien, die das Gefühl der Kontrolle stärken, können hingegen die körperlichen Reaktionen auf Angst reduzieren [s4]. Ein Tagebuch, in dem Sie Ihre körperlichen Reaktionen, die jeweilige Situation und Ihre Gedanken festhalten, kann Ihnen helfen, Muster zu erkennen und Ihre Angst besser zu verstehen.

Gut zu wissen

Adaptive Vermeidungsstrategien

Adaptive Vermeidungsstrategien sind Verhaltensweisen, die darauf abzielen, angstauslösende Situationen oder Reize zu vermeiden oder zu minimieren, ohne dabei das tägliche Leben übermäßig einzuschränken. Im Gegensatz zur maladaptiven Vermeidung, die die Angst langfristig verstärkt, können adaptive Strategien dazu beitragen, die Angst zu kontrollieren und das Wohlbefinden zu verbessern.

Kognitive Verhaltenstherapie

Die kognitive Verhaltenstherapie ist eine Form der Psychotherapie, die darauf abzielt, negative Gedankenmuster und Verhaltensweisen zu identifizieren und zu verändern, die zu Angst und anderen psychischen Problemen beitragen. Sie hilft Menschen, ihre Angstsymptome zu bewältigen, indem sie neue Bewältigungsstrategien erlernen.

Sympathisches Nervensystem

Das sympathische Nervensystem ist ein Teil des vegetativen Nervensystems und steuert die körperlichen Reaktionen auf Stress und Angst. Es versetzt den Körper in einen Zustand erhöhter Alarmbereitschaft, um auf Bedrohungen zu reagieren.

Häufige körperliche Symptome von Angstzuständen

Häufigkeit der körperlichen Angstsymptome

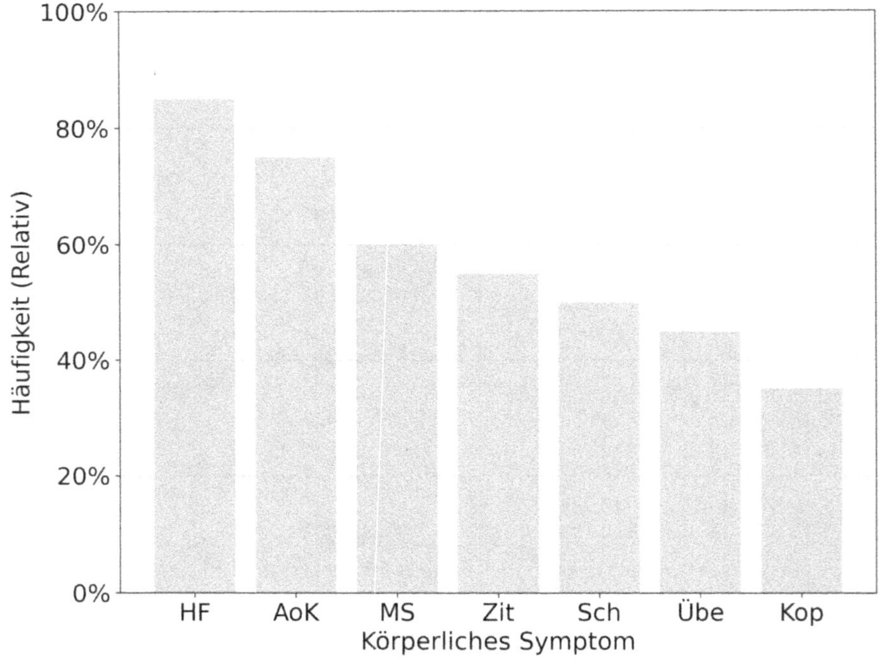

AoK: Atemnot/Kurzatmigkeit

HF: Herzrasen

Kop: Kopfschmerzen

MS: Muskelverspannung

Sch: Schwindel

Übe: Übelkeit

Zit: Zittern

Diese Grafik zeigt die Prävalenz verschiedener körperlicher Manifestationen von Angst. Herzrasen und Kurzatmigkeit scheinen die am häufigsten auftretenden Symptome zu sein, was auf einen starken Zusammenhang zwischen Angst und kardiovaskulärer/respiratorischer Reaktion hindeutet. Weniger häufige Symptome wie Muskelverspannungen, Zittern und Übelkeit betreffen immer noch einen erheblichen Teil der Personen, die unter Angstzuständen leiden, was die weitreichenden Auswirkungen von Angst auf den Körper verdeutlicht.

Zusammenhang zwischen Angst und Stress

Angst und Stress sind eng miteinander verbunden und beeinflussen sich wechselseitig. Stress entsteht, wenn die Anforderungen der Umwelt die eigenen Bewältigungsressourcen übersteigen. Dieser Zustand der Überforderung kann Angst auslösen, da er das Gefühl der Kontrolle mindert und Unsicherheit erzeugt [s5]. Chronischer Stress hält den Körper in einem Zustand ständiger Alarmbereitschaft, was die Anfälligkeit für Angststörungen erhöht. Die durch Stress ausgeschütteten Hormone wie Cortisol wirken sich direkt auf das Gehirn aus und können die neuronalen Schaltkreise verändern, die an der Entstehung und Aufrechterhaltung von Angst beteiligt sind [s5]. Umgekehrt kann Angst auch Stress verursachen. Die ständige Sorge und Anspannung, die mit Angst einhergehen, belasten den Körper und Geist. Ein erhöhter Herzschlag, Schlafstörungen oder Konzentrationsprobleme, die durch Angst ausgelöst werden, können wiederum als Stressoren wirken und die Angstsymptome verstärken. Dieser Teufelskreis aus Angst und Stress kann schwerwiegendere psychische und physische Gesundheitsprobleme verursachen. Bewegung kann diesen Kreislauf positiv beeinflussen. Sportliche Aktivitäten fördern die Ausschüttung von Endorphinen, die schmerzlindernd und stimmungsaufhellend wirken. Regelmäßiges Training kann so dazu beitragen, Stress abzubauen und die

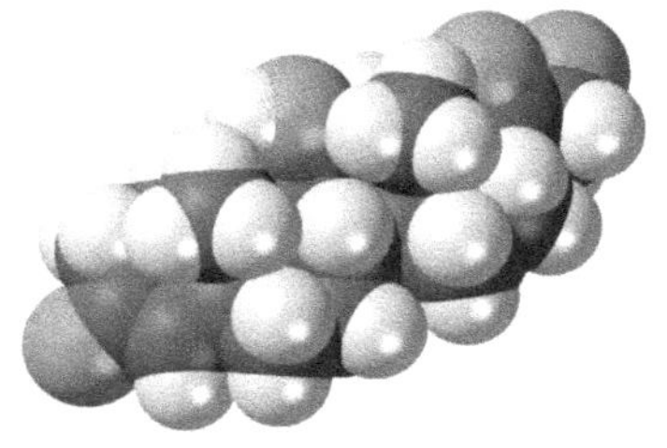

Cortisol [i1]

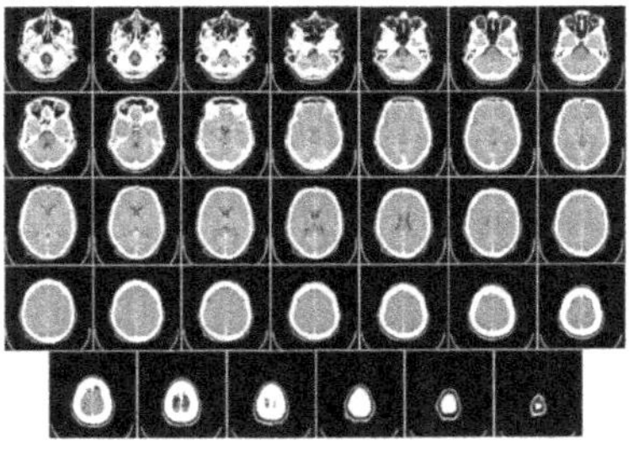

Gehirn [i2]

Widerstandsfähigkeit gegenüber Angst zu stärken [s5]. Wer beispielsweise mehrmals pro Woche joggt oder schwimmen geht, kann nicht nur seine körperliche Fitness verbessern, sondern auch seine psychische Gesundheit positiv beeinflussen.

Stress [i3]

Gut zu wissen

Cortisol

Cortisol ist ein Stresshormon, das bei Angst in erhöhter Konzentration ausgeschüttet wird und verschiedene Körperfunktionen beeinflusst, wie z.B. den Stoffwechsel, das Immunsystem und den Schlaf-Wach-Rhythmus. Eine dauerhaft erhöhte Cortisol-Ausschüttung kann negative Auswirkungen auf die körperliche und psychische Gesundheit haben und die Anfälligkeit für Angststörungen erhöhen.

Endorphine

Endorphine sind körpereigene Botenstoffe, die schmerzlindernde und stimmungsaufhellende Wirkungen haben. Sie werden unter anderem bei körperlicher Aktivität ausgeschüttet und können dazu beitragen, Angstzustände zu reduzieren und das allgemeine Wohlbefinden zu steigern. Die Ausschüttung von Endorphinen kann als natürlicher Mechanismus zur Stressbewältigung und Angstlinderung betrachtet werden.

Neuronale Schaltkreise

Neuronale Schaltkreise sind komplexe Netzwerke von Nervenzellen im Gehirn, die durch ihre Verbindungen und Interaktionen verschiedene Funktionen steuern, darunter auch Emotionen wie Angst. Angst kann die Struktur und Funktion dieser Schaltkreise verändern und so zur Entstehung und Aufrechterhaltung von Angststörungen beitragen. Durch gezielte Therapien, wie z.B. kognitive Verhaltenstherapie, können diese neuronalen Schaltkreise jedoch positiv beeinflusst und umstrukturiert werden.

Korrelation zwischen Stress und Angst

Veranschaulicht die positive Korrelation zwischen Stresslevel und Angstintensität.

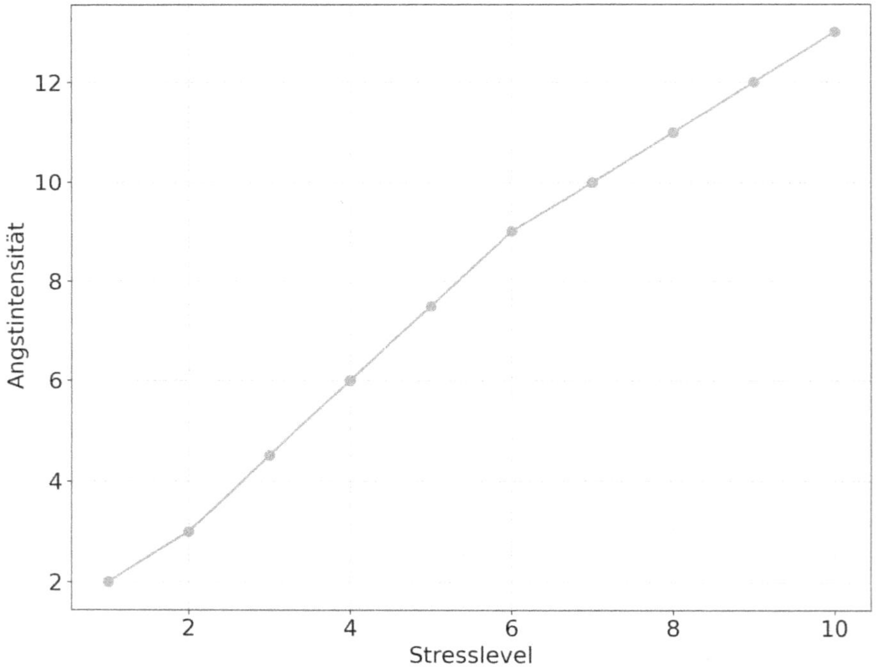

Das Diagramm zeigt eine klare positive Korrelation zwischen Stress und Angst. Mit zunehmendem Stresslevel steigt auch die Intensität der erlebten Angst. Dies deutet darauf hin, dass ein effektives Stressmanagement eine Schlüsselkomponente zur Minderung von Angstsymptomen sein kann. Obwohl die Korrelation stark ist, ist es wichtig zu beachten, dass die individuellen Reaktionen variieren können und andere Faktoren ebenfalls den Angstlevel beeinflussen können.

Unterschied zwischen normaler Angst und Angststörung

Angst ist eine universelle menschliche Erfahrung, eine natürliche Reaktion auf wahrgenommene Bedrohungen, die uns evolutionär zum Überleben verholfen hat [s6]. Sie äußert sich in körperlichen und emotionalen Reaktionen und hilft uns, in Gefahrensituationen angemessen zu reagieren. Eine Angststörung hingegen geht über diese normale Reaktion hinaus. Sie ist durch übermäßige, anhaltende und unrealistische Ängste gekennzeichnet, die das tägliche Leben erheblich beeinträchtigen [s6]. Während normale Angst vorübergehend ist und in der Regel auf konkrete Situationen beschränkt bleibt, ist die Angst bei einer Angststörung oft diffus und anhaltend, selbst wenn keine tatsächliche Bedrohung vorliegt. Diese übermäßige Besorgnis kann sich auf verschiedene Lebensbereiche auswirken, von sozialen Interaktionen und beruflichen Leistungen bis hin zu persönlichen Beziehungen und dem allgemeinen Wohlbefinden. Ein wichtiger Unterschied liegt auch in der Intensität der Angst. Normale Angst ist proportional zur Situation und klingt ab, sobald die Gefahr vorüber ist. Bei einer Angststörung ist die Angst jedoch oft unverhältnismäßig stark und hält über einen längeren Zeitraum an, auch wenn die Situation dies nicht rechtfertigt. Diese anhaltende Angst kann zu Vermeidungsverhalten führen. Jemand mit Höhenangst meidet z.B.

Schüchternheit [i4]

Soziale Angst [i5]

Balkone oder hohe Gebäude. Diese Vermeidung verstärkt die Angst langfristig, da sie verhindert, dass die Betroffenen lernen, dass die befürchteten Konsequenzen nicht eintreten. Soziale Angst ist mehr als nur Schüchternheit [s7]. Während Schüchternheit ein Persönlichkeitsmerkmal sein kann, ist soziale Angst eine intensive Furcht vor sozialen Situationen, in denen man von anderen beobachtet oder beurteilt werden könnte. Diese Furcht kann so stark sein, dass sie alltägliche Aktivitäten wie Einkaufen, Essen in der Öffentlichkeit oder Gespräche mit Kollegen erheblich erschwert. Die Angst vor negativer Bewertung und die damit verbundenen körperlichen Symptome, wie Herzrasen, Schwitzen oder Zittern, können das soziale Leben stark einschränken und zu Isolation führen [s7]. Die Unterscheidung zwischen normaler Angst und einer Angststörung ist entscheidend für die Wahl der richtigen Behandlungsstrategie. Während normale Angst in der Regel keiner therapeutischen Intervention bedarf, ist bei einer Angststörung professionelle Hilfe unerlässlich.

Vermeidungsverhalten [i6]

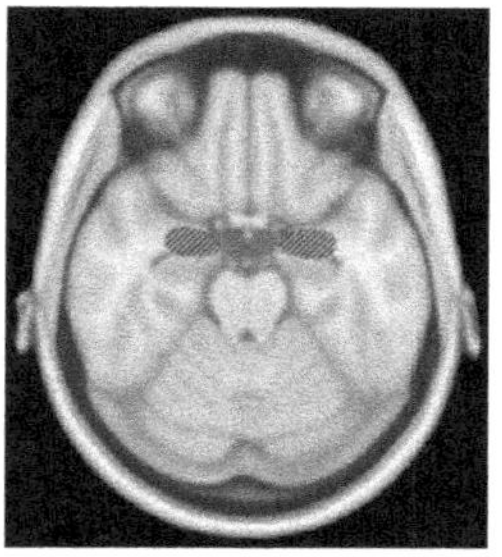

Amygdala [i7]

Gut zu wissen

Angststörung

Eine Angststörung ist eine psychische Erkrankung, die durch übermäßige, anhaltende und unrealistische Ängste gekennzeichnet ist, welche das tägliche Leben und die Lebensqualität erheblich beeinträchtigen können. Sie unterscheidet sich von normaler Angst durch ihre Intensität, Dauer und den Mangel an einem realistischen Auslöser.

Soziale Angst

Soziale Angst, auch soziale Phobie genannt, ist eine Angststörung, die durch eine intensive Furcht vor sozialen Situationen gekennzeichnet ist, in denen man von anderen beobachtet oder beurteilt werden könnte. Im Gegensatz zu Schüchternheit, die ein Persönlichkeitsmerkmal ist, führt soziale Angst zu starken körperlichen und emotionalen Reaktionen, die das soziale Leben erheblich beeinträchtigen können.

Vermeidungsverhalten

Vermeidungsverhalten beschreibt die bewusste oder unbewusste Vermeidung von Situationen, Orten oder Objekten, die Angst oder Unbehagen auslösen. Dieses Verhalten verstärkt die Angst langfristig, da es verhindert, dass die Betroffenen lernen, dass die befürchteten Konsequenzen nicht eintreten.

Vergleich der Angstsymptome

Vergleich von Symptomen normaler Angst vs. Angststörung.

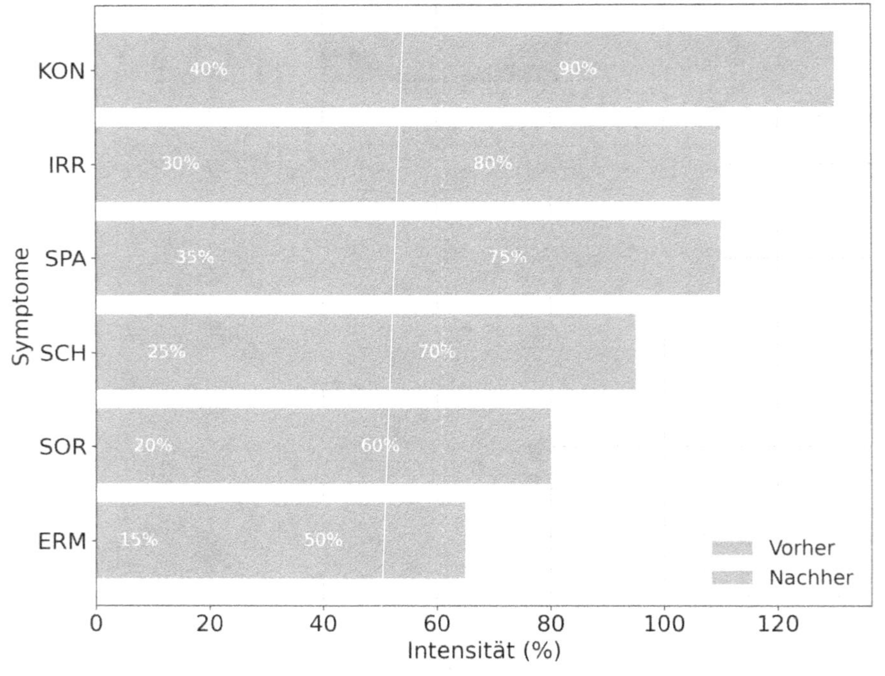

ERM: Ermüdung

IRR: Irritabilität

KON: Konzentration

SCH: Schlafprobleme

SOR: Sorgen und Ängste

SPA: Spannung

Das Diagramm hebt die wichtigsten Unterschiede in der Symptomintensität zwischen normaler Angst und Angststörungen hervor. Während beide ähnliche emotionale und physische Reaktionen teilen, weisen Angststörungen ein deutlich höheres Intensitätsniveau und eine längere Dauer auf, was sich auf das tägliche Funktionsvermögen auswirkt.

Konkrete Ratschläge

- Verändern Sie Ihre innere Sprache: Ersetzen Sie angstbesetzte Formulierungen durch neutrale oder positive.
- Trainieren Sie Ihre Aufmerksamkeit: Richten Sie Ihren Fokus bewusst auf angenehme Sinneseindrücke, z.B. den Duft von Kaffee.
- Akzeptieren Sie die Angst: Betrachten Sie sie als Teil von sich, ohne sie zu bekämpfen.
- Nutzen Sie die Energie der Angst: Gehen Sie spazieren oder erledigen Sie eine Aufgabe, die Ihnen leichtfällt.
- Stellen Sie sich Ihrer Angst in kleinen Schritten: Sprechen Sie beispielsweise zunächst mit einer vertrauten Person über Ihre Ängste.
- Entwickeln Sie ein persönliches Angstszenario: Visualisieren Sie den schlimmstmöglichen Ausgang und überlegen Sie, wie Sie damit umgehen könnten.
- Reflektieren Sie Ihre bisherigen Erfolge im Umgang mit Angst: Erinnern Sie sich an Situationen, in denen Sie Ihre Angst überwunden haben.
- Suchen Sie sich positive Vorbilder: Beobachten Sie, wie andere Menschen mit Angst umgehen und lernen Sie von ihnen.
- Verbinden Sie Angst mit positiven Gefühlen: Hören Sie Ihre Lieblingsmusik, während Sie sich angstauslösenden Situationen stellen.
- Entwickeln Sie ein Ritual zur Angstreduktion: Zünden Sie beispielsweise eine Kerze an und konzentrieren Sie sich auf die Flamme.
- Schaffen Sie sich einen sicheren Ort: Richten Sie sich einen Platz ein, an dem Sie sich entspannen und Ihre Angst abklingen lassen können.

1. 2 Formen von Angststörungen

Angststörungen manifestieren sich in vielfältigen Formen und beeinträchtigen das Leben Betroffener in unterschiedlichem Ausmaß. Von generalisierten Ängsten, die verschiedene Lebensbereiche betreffen, bis hin zu sozialer Angst, die Beziehungen und beruflichen Erfolg erschwert, bestehen erhebliche Auswirkungen auf die Lebensqualität. Körperliche und mentale Symptome verstärken das Leidensdruck und können zu sozialer Isolation und Leistungseinbußen führen. Dieser Abschnitt beleuchtet die verschiedenen Formen von Angststörungen, darunter die generalisierte Angststörung, die ängstlich-vermeidende Persönlichkeitsstörung und die soziale Angststörung. Die jeweiligen Merkmale und Auswirkungen werden detailliert beschrieben, um ein umfassendes Verständnis zu ermöglichen. Lesen Sie weiter und gewinnen Sie wertvolle Einblicke in die verschiedenen Erscheinungsformen der Angst.

Vermeidung und Sicherheitsverhalten, die kurzfristig Erleichterung verschaffen, verstärken Angststörungen langfristig, da sie das Erlernen neuer Bewältigungsstrategien und korrigierender Erfahrungen verhindern.

Generalisierte Angststörung und ihre Merkmale

Die generalisierte Angststörung (GAD) zeichnet sich durch anhaltende und übermäßige Sorgen aus, die verschiedene Lebensbereiche betreffen können [s8]. Betroffene grübeln oft über alltägliche Dinge wie Arbeit, Finanzen oder Gesundheit und empfinden die Sorgen als schwer kontrollierbar [s9]. Diese Sorgen sind oft unrealistisch oder übertrieben im Verhältnis zur tatsächlichen Situation. Ein Beispiel: Jemand mit GAD könnte sich exzessiv Sorgen über einen kleinen Fehler bei der Arbeit machen und befürchten, deshalb entlassen zu werden, obwohl es dafür keine realistische Grundlage gibt. Die Angst kann sich im Laufe der Zeit verstärken und das tägliche Leben erheblich beeinträchtigen, von der Arbeitsleistung über schulische Leistungen bis hin zu sozialen Beziehungen [s8].

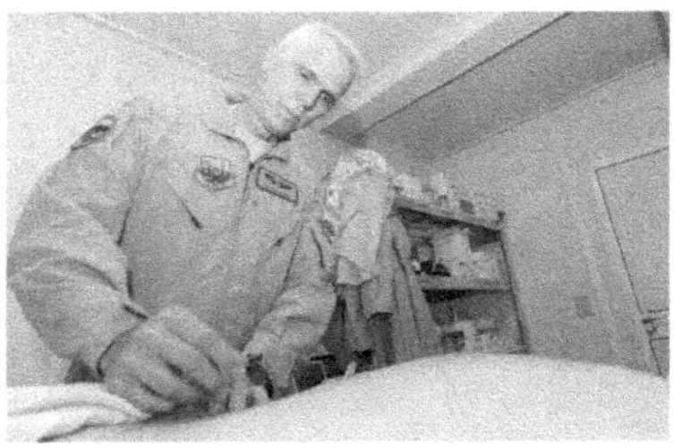

Muskelverspannung [i8]

Neben den ständigen Sorgen treten bei GAD häufig auch körperliche Symptome auf [s9]. Dazu gehören Müdigkeit, Schlafstörungen, Muskelverspannungen, aber auch vegetative Symptome wie Herzklopfen, Schwitzen und Zittern [s10]. Mentale Symptome wie Schwindel oder das Gefühl der Unwirklichkeit (Depersonalisation/Derealisation) können ebenfalls vorkommen [s10]. All diese Symptome verstärken das Gefühl der Belastung und können die Lebensqualität stark einschränken. Zusätzlich erschwert die ständige Anspannung die Konzentration und führt oft zu Schlafproblemen [s10], was wiederum die Angstsymptome verschlimmert. Die Behandlung von GAD umfasst in der Regel eine Kombination aus Psychotherapie und Medikamenten [s9] [s11]. Die kognitive Verhaltenstherapie (KVT) hat sich als besonders wirksam erwiesen [s10] [s11]. In der KVT lernen Betroffene, negative Denkmuster zu erkennen und zu verändern, sowie besser mit angstauslösenden Situationen umzugehen [s9]. Ein wichtiger Bestandteil der KVT ist die Psychoedukation, die den Betroffenen hilft, die GAD und ihre Symptome besser zu verstehen [s10]. Darüber hinaus werden kognitive Strategien, Exposition gegenüber Ängsten und Problemlösungstechniken eingesetzt [s10]. Medikamentös kommen oft selektive Serotonin-Wiederaufnahmehemmer (SSRIs) und Serotonin-Norepinephrin-Wiederaufnahmehemmer (SNRIs) zum Einsatz [s10]. Wichtig ist, dass die Medikation, um Rückfälle zu vermeiden, mindestens 12 Monate fortgeführt wird, bevor eine Dosisreduktion in Erwägung gezogen wird [s11]. Ergänzend können Entspannungstechniken, das Erlernen von Bewältigungsstrategien für Stress und eine verbesserte Schlafhygiene die Symptome lindern [s9] [s12]. Regelmäßige körperliche Aktivität kann ebenfalls dazu beitragen, die Angstsymptome zu reduzieren [s11]. Bei gleichzeitigem Substanzkonsum ist die Behandlung komplexer, da die Symptome der GAD durch den Substanzgebrauch oder -entzug verschleiert werden können [s12]. Hier ist eine sorgfältige Diagnostik und Therapieplanung unerlässlich.

Gut zu wissen

Depersonalisation/Derealisation

Gefühl der Losgelöstheit von sich selbst oder der Umgebung. Betroffene fühlen sich unwirklich oder wie in einem Traum. Dies kann durch starke Angst ausgelöst werden.

Psychoedukation

Die Vermittlung von Wissen und Informationen über psychische Erkrankungen, deren Symptome und Behandlungsmöglichkeiten. Sie hilft Betroffenen, ihre Erkrankung besser zu verstehen und aktiv an der Behandlung mitzuwirken.

Serotonin-Norepinephrin-Wiederaufnahmehemmer

Ähnlich wie SSRIs, beeinflussen SNRIs die Wiederaufnahme von Serotonin und Norepinephrin im Gehirn. Sie können bei der Behandlung von Angststörungen und Depressionen helfen, indem sie die Konzentration dieser Neurotransmitter erhöhen.

Selektive Serotonin-Wiederaufnahmehemmer

Eine Klasse von Medikamenten, die häufig zur Behandlung von Angststörungen und Depressionen eingesetzt werden. Sie erhöhen die Verfügbarkeit von Serotonin im Gehirn, einem Neurotransmitter, der die Stimmung reguliert.

Vegetative Symptome

Körperliche Symptome, die durch das autonome Nervensystem gesteuert werden und bei Angstzuständen auftreten können, wie z.B. Herzklopfen, Schwitzen, Atembeschwerden und Verdauungsprobleme.

Häufige Symptome der generalisierten Angststörung (GAS)

Verteilung der GAS-Symptome

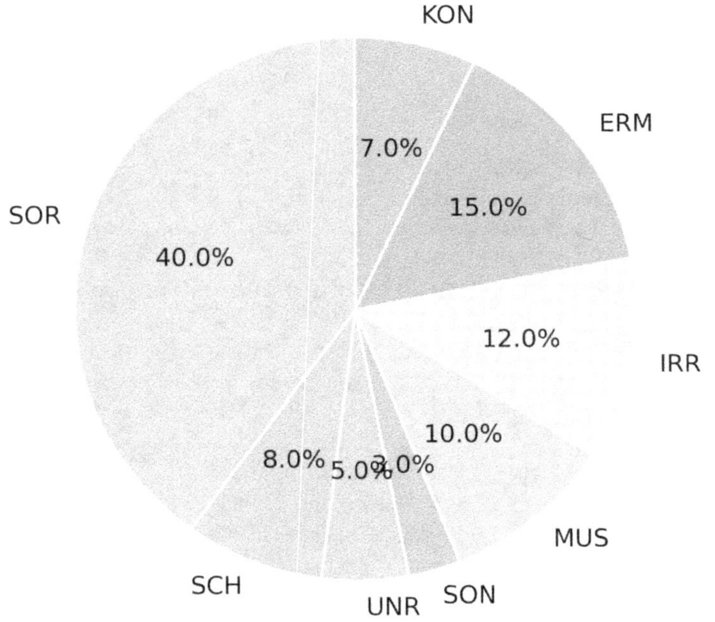

ERM: Ermüdung

KON: Konzentrationsschwierigkeiten

SCH: Schlafstörungen

SOR: Sorgen

IRR: Irritabilität

MUS: Muskelverspannungen

SON: Sonstige Symptome

UNR: Unruhe

Dieses Diagramm zeigt die Häufigkeit verschiedener Symptome, die mit einer generalisierten Angststörung verbunden sind. Während übermäßige Sorgen das häufigste Symptom sind, ist es wichtig zu erkennen, dass sich GAS auf verschiedene Weise manifestiert und sowohl das körperliche als auch das geistige Wohlbefinden beeinträchtigt. Das signifikante Vorhandensein von körperlichen Symptomen unterstreicht die Bedeutung eines ganzheitlichen Ansatzes für Diagnose und Behandlung, der sowohl psychologische als auch physiologische Faktoren berücksichtigt.

Ängstlich vermeidende Persönlichkeitsstörung

Die ängstlich vermeidende Persönlichkeitsstörung (APD) ist durch ein tiefgreifendes Muster von sozialer Hemmung, Minderwertigkeitsgefühlen und Überempfindlichkeit gegenüber negativer Bewertung gekennzeichnet. Anders als bei der generalisierten Angststörung, die sich auf diverse Lebensbereiche bezieht, konzentriert sich die Angst bei der APD primär auf soziale Interaktionen und Beziehungen [s13]. Betroffene sehnen sich zwar nach Nähe und Anschluss, fürchten aber gleichzeitig Zurückweisung, Kritik oder Demütigung. Dieses Vermeidungsverhalten kann so weit gehen, dass soziale Situationen, die für die meisten Menschen alltäglich sind – etwa ein Treffen mit Freunden oder die Teilnahme an einer Besprechung – gemieden werden, weil sie als potenziell bedrohlich erlebt werden. Infolgedessen ziehen sich Menschen mit APD oft zurück und leben in sozialer Isolation, was ihre Ängste langfristig noch verstärkt. Studien zeigen, dass Personen mit komorbider APD und sozialer Angststörung (SAD) eine stärkere funktionale Beeinträchtigung und ausgeprägtere Symptome im Vergleich zu Personen mit alleiniger SAD aufweisen [s14]. Dies unterstreicht die Bedeutung der Diagnose einer APD im Kontext von SAD, um eine adäquate Behandlung zu gewährleisten. Die Behandlung von APD und SAD beinhaltet oft eine Kombination aus

Psychotherapie, insbesondere eine verlängerte kognitive Verhaltenstherapie (KVT) oder Schematherapie [s13]. So könnte ein Patient mit APD lernen, in der Therapie schrittweise angstbesetzte soziale Situationen aufzusuchen, etwa zunächst kurze Gespräche mit vertrauten Personen zu führen und die Dauer und den sozialen Kontext der Interaktionen langsam auszuweiten. Dadurch kann die Erfahrung gemacht werden, dass die befürchteten negativen Konsequenzen – wie Ablehnung oder Kritik – ausbleiben und soziale Interaktionen durchaus positiv erlebt werden können.

Soziale Isolation [i9]

Gut zu wissen

Komorbid

Komorbid bedeutet das gleichzeitige Auftreten von zwei oder mehr Krankheiten oder Störungen bei einer Person. Beispielsweise kann eine Person gleichzeitig an einer Angststörung und einer Depression leiden.

Schematherapie

Die Schematherapie ist eine Form der Psychotherapie, die sich auf die Identifizierung und Veränderung von tief verwurzelten, negativen Denkmustern (Schemas) konzentriert, die in der Kindheit entstanden sind und im Erwachsenenalter zu emotionalen Problemen und Schwierigkeiten in Beziehungen führen. Bei Angststörungen kann die Schematherapie helfen, die Schemas zu erkennen und zu verändern, die die Angst auslösen und aufrechterhalten.

Vermeidungsstrategien bei AVPS

Verteilung der Vermeidungsstrategien bei der ängstlich-vermeidenden Persönlichkeitsstörung.

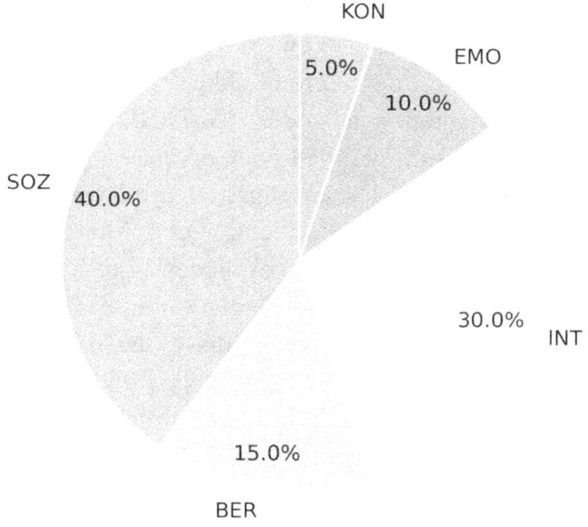

BER: Berufliche/Leistungsbezogene Situationen
EMO: Emotionale Äußerungen
INT: Zwischenmenschliche Beziehungen
KON: Konflikte
SOZ: Soziale Situationen

Das größte Segment stellt die soziale Vermeidung dar und unterstreicht die Kernangst vor negativer Bewertung und Ablehnung. Die zwischenmenschliche Vermeidung trägt erheblich dazu bei und zeigt die Schwierigkeit, Beziehungen aufzubauen und aufrechtzuerhalten. Die berufliche/leistungsbezogene Vermeidung spiegelt die Herausforderungen in der Arbeitswelt oder in der Schule aufgrund der Angst vor Kritik wider. Die emotionale und Konfliktvermeidung, die zwar geringer ausgeprägt sind, zeigen die Tendenz, Emotionen zu unterdrücken und Meinungsverschiedenheiten zu vermeiden, um mögliche Missbilligung zu verhindern. Die Gesamtverteilung unterstreicht die weitreichenden Auswirkungen der Vermeidung auf verschiedene Lebensbereiche bei Personen mit AVPS.

Soziale Ängste und ihre Auswirkungen

Soziale Angststörung (Soziale Phobie): Soziale Angststörung, auch bekannt als Soziale Phobie, geht über gewöhnliche Schüchternheit hinaus und manifestiert sich als intensive, anhaltende Furcht vor Bewertung durch andere [s15]. Diese Furcht kann sich auf verschiedene soziale Situationen beziehen, von alltäglichen Interaktionen wie Smalltalk oder Essen in der Öffentlichkeit bis hin zu formelleren Anlässen wie Präsentationen oder Vorstellungsgesprächen. Die Betroffenen befürchten, sich peinlich oder beschämend zu verhalten und negativ beurteilt zu werden. Diese Angst ist oft unverhältnismäßig zur tatsächlichen Bedrohung und beeinträchtigt den Alltag erheblich [s15]. Soziale Interaktionen werden häufig vermieden oder nur unter extremer Belastung ertragen, was zu sozialer Isolation und Einsamkeit führen kann [s16]. Die Vermeidungstaktik, die kurzfristig Erleichterung verschafft, verstärkt die Angst langfristig und verhindert, dass korrigierende Erfahrungen gemacht werden, welche die unrealistischen Befürchtungen widerlegen könnten [s16]. Statt soziale Kontakte zu meiden, könnte ein Betroffener versuchen, seine Angst durch Sicherheitsverhalten zu kontrollieren, zu vergleichen mit einem Redner, der seine Notizen ständig abliest, um Blickkontakt zu vermeiden. Dieses Verhalten, obwohl subjektiv hilfreich, verstärkt die Angst, da es die Person daran hindert, ihre sozialen Fähigkeiten realistisch einzuschätzen und positive Erfahrungen zu sammeln. Die Auswirkungen der Sozialen Angststörung beschränken sich nicht nur auf das soziale Leben. Die ständige Angst und Anspannung können zu körperlichen Symptomen wie Herzrasen, Schwitzen und Zittern führen. Konzentrationsschwierigkeiten, Schlafstörungen und depressive Verstimmungen sind ebenfalls häufige Begleiterscheinungen [s15]. Die Angst vor negativer Beurteilung führt oft dazu, dass Betroffene ihre eigenen sozialen Kompetenzen unterschätzen und unrealistisch hohe Standards an sich selbst stellen [s16]. Dieser Teufelskreis aus Angst, Vermeidung und negativer Selbstbewertung kann die Lebensqualität stark beeinträchtigen und zu beruflichen und schulischen Problemen führen [s15]. Studien belegen, dass die Soziale Angststörung weit verbreitet ist und etwa ein Drittel der Bevölkerung im Laufe ihres Lebens betrifft [s8]. Die generalisierte Form der Sozialen Angststörung, die sich auf nahezu alle sozialen Situationen erstreckt, ist mit besonders schwerwiegenden Folgen verbunden, darunter eine höhere Wahrscheinlichkeit für psychiatrische Begleiterkrankungen und Suizidversuche [s17]. Bei gleichzeitiger generalisierter Sozialphobie ist die Inanspruchnahme psychiatrischer oder psychotherapeutischer Hilfe sowie die Verordnung von Antidepressiva deutlich erhöht [s17]. Dies unterstreicht die Notwendigkeit einer frühzeitigen Diagnose und Behandlung. Die kognitive Verhaltenstherapie, insbesondere die Expositionstherapie, hat sich als wirksame Behandlungsmethode erwiesen [s15]. Hierbei werden Betroffene schrittweise mit angstauslösenden Situationen konfrontiert und lernen, ihre Ängste zu bewältigen, ohne auf Vermeidungs- oder Sicherheitsverhalten zurückzugreifen.

Gut zu wissen

Expositionstherapie

Eine Form der Verhaltenstherapie, bei der Patienten schrittweise und kontrolliert mit den Situationen oder Objekten konfrontiert werden, die ihre Angst auslösen. Das Ziel ist, die Angst durch wiederholte Konfrontation zu reduzieren und neue Verhaltensweisen zu erlernen.

Kognitive Verhaltenstherapie

Ein psychotherapeutischer Ansatz, der sich auf die Veränderung von Gedanken und Verhaltensweisen konzentriert, die zu emotionalen Problemen beitragen. Bei Angststörungen hilft die kognitive Verhaltenstherapie, negative Denkmuster zu erkennen und zu verändern und neue Bewältigungsstrategien zu entwickeln.

Soziale Angststörung

Synonyme Bezeichnung für Soziale Phobie. Sie ist durch eine übermäßige Angst vor sozialen Situationen charakterisiert, in denen die Person befürchtet, negativ bewertet zu werden. Die Angst kann sich auf verschiedene soziale Interaktionen beziehen und zu erheblichem Leid und Funktionseinschränkungen führen.

Auswirkungen von Sozialer Angst

Auswirkungen auf Lebensbereiche.

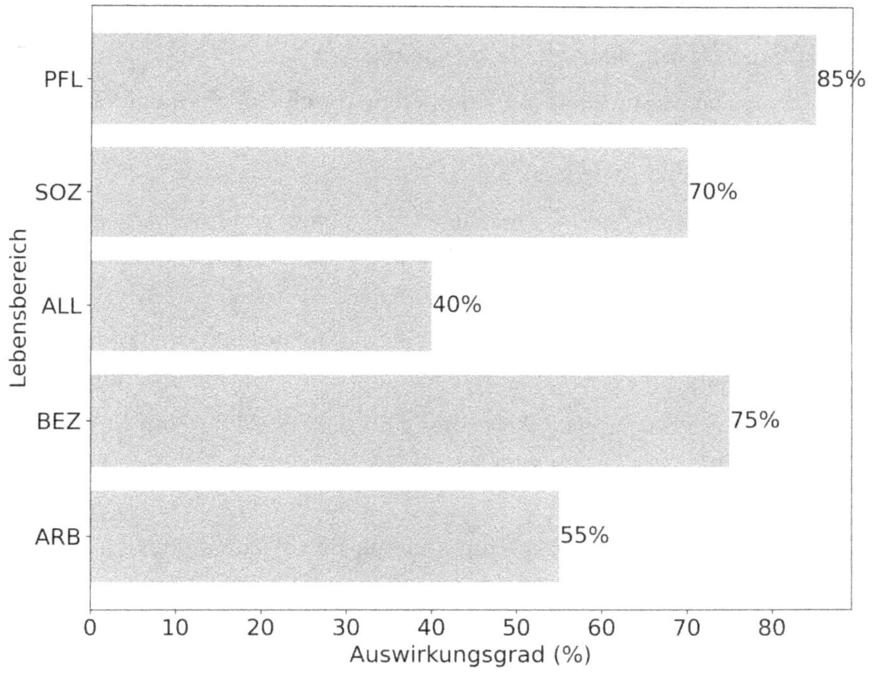

ALL: Alltag

BEZ: Beziehungen

SOZ: Sozialleben

ARB: Arbeit/Ausbildung

PFL: Selbstpflege

Dieses Diagramm stellt die potenziellen negativen Auswirkungen von sozialer Angst auf verschiedene Lebensbereiche visuell dar. Arbeit/Ausbildung ist am stärksten betroffen, gefolgt von Beziehungen und Sozialleben. Während der Alltag und die Selbstfürsorge ebenfalls beeinträchtigt sind, scheinen sie im Vergleich zu den anderen Bereichen weniger stark betroffen zu sein.

Konkrete Ratschläge

- Erforschen Sie Ihre individuellen Angstauslöser, indem Sie ein Tagebuch führen und notieren, wann und in welchen Situationen Angst auftritt.
- Entwickeln Sie eine persönliche Notfallstrategie für akute Angstzustände, die konkrete Schritte wie Atemübungen oder das Hören beruhigender Musik beinhaltet.
- Trainieren Sie Ihre soziale Kompetenz durch Rollenspiele mit Freunden oder in einer Selbsthilfegruppe, um Sicherheit in sozialen Situationen zu gewinnen.
- Setzen Sie sich realistische Ziele im Umgang mit Ihrer Angst und steigern Sie die Anforderungen schrittweise, anstatt sich zu überfordern.
- Nutzen Sie die Natur als Ressource zur Angstreduktion, indem Sie regelmäßig im Wald spazieren gehen oder im Garten arbeiten.
- Integrieren Sie Achtsamkeitsübungen in Ihren Alltag, um Ihre Wahrnehmung für den gegenwärtigen Moment zu schärfen und Grübeln zu reduzieren.
- Suchen Sie den Austausch mit anderen Betroffenen, um sich verstanden zu fühlen und voneinander zu lernen.
- Entwickeln Sie eine positive Selbstinstruktion, die Sie in angstauslösenden Situationen innerlich wiederholen, um sich Mut zuzusprechen.
- Konzentrieren Sie sich auf Ihre Stärken und Ressourcen, anstatt Ihre Schwächen und Ängste in den Vordergrund zu stellen.
- Lernen Sie, Ihre Grenzen zu setzen und Nein zu sagen, um Überforderung und damit verbundene Angst zu vermeiden.

1. 3 Angst und Panik verstehen

Angst und Panik sind natürliche Reaktionen auf Bedrohungen, doch ihre Intensität und Auslöser variieren stark. Dieses Kapitel der "Grundlagen der Angst und Angstzustände" beleuchtet das komplexe Zusammenspiel von subjektiver Wahrnehmung, körperlichen Symptomen und sozialem Umfeld bei der Entstehung von Panikattacken und Todesangst. Die Auswirkungen reichen von alltäglichen Beeinträchtigungen bis hin zu schweren Krisen. Wir betrachten die Entstehung des Teufelskreises aus Angst und Anspannung und die Rolle individueller Interpretationen körperlicher Signale. Darüber hinaus wird die Bedeutung des sozialen Umfelds für den Umgang mit Angst beleuchtet. Verstehen Sie die Mechanismen von Angst und Panik, um den ersten Schritt zur Bewältigung zu machen. Lesen Sie weiter und entdecken Sie, wie Sie diese Herausforderungen meistern können.

Angst entsteht durch die subjektive Interpretation von Situationen und Körperempfindungen, nicht allein durch die Situationen selbst.

Entstehung von Panikattacken

Panikattacken entstehen meist nicht aus dem Nichts, sondern entwickeln sich oft schleichend aus einem komplexen Zusammenspiel verschiedener Faktoren. Angst und Panik sind grundlegende menschliche Emotionen, die als Reaktion auf wahrgenommene Bedrohungen entstehen [s18]. Diese Wahrnehmung ist jedoch subjektiv und kann durch verschiedene Einflüsse geformt werden. So können beispielsweise negative Erfahrungen im sozialen Umfeld – etwa im Beruf oder in der Ausbildung – die Anfälligkeit für Panikattacken erhöhen. Ein Auszubildender, der wiederholt Kritik von seinem Ausbilder erfährt und wenig Unterstützung im Arbeitsalltag erhält, könnte in ähnlichen Situationen in Zukunft verstärkt Angst empfinden [s18]. Diese Angst kann sich im Laufe der Zeit zu einer Panikattacke manifestieren, wenn der Betroffene die Situation als unkontrollierbar und bedrohlich wahrnimmt. Ein weiterer Faktor, der zur Entstehung von Panikattacken beiträgt, ist die individuelle Interpretation von körperlichen Symptomen. Herzrasen, Schwindel oder Atemnot können als Anzeichen einer ernsthaften Erkrankung fehlinterpretiert werden und so eine Panikattacke auslösen. Diese körperlichen Symptome sind zwar typische Begleiterscheinungen von Angst, werden in der akuten Situation aber oft als Bestätigung der vermeintlichen Gefahr wahrgenommen und verstärken so die Panik. Der Betroffene gerät in einen Teufelskreis aus Angstsymptomen und deren negativer Interpretation. Eine gut funktionierende Selbstwahrnehmung und die Fähigkeit, körperliche Signale richtig einzuordnen, können daher helfen, Panikattacken vorzubeugen. Regelmäßige Entspannungsübungen, wie etwa progressive Muskelentspannung oder Atemtechniken, können dazu beitragen, die Körperwahrnehmung zu verbessern und im Umgang mit den ersten Anzeichen von Angst und Panik sicherer zu werden. Die Interaktion mit dem sozialen Umfeld – sei es im beruflichen Kontext, wie bei Auszubildenden und Ausbildern, oder im privaten Bereich – beeinflusst maßgeblich, wie Angst wahrgenommen und verarbeitet wird

[s18]. Fehlt die Unterstützung und das Verständnis von Kollegen, Freunden oder Familie, kann dies die Angst verstärken und die Entstehung von Panikattacken begünstigen. Konstruktive Gespräche und der offene Umgang mit der eigenen Angst können dazu beitragen, Unterstützung im Umfeld zu finden und den Teufelskreis aus Angst und Panik zu durchbrechen. Gleichzeitig können soziale Vergleiche und überhöhte Selbstansprüche das Selbstvertrauen mindern und die Anfälligkeit für Angstzustände erhöhen [s18]. Ein gesundes Selbstwertgefühl und realistische Erwartungen an sich selbst können daher vor Panikattacken schützen. Neben den genannten Faktoren können auch genetische Veranlagungen und biochemische Prozesse im Gehirn die Entstehung von Panikattacken beeinflussen. Eine familiäre Vorbelastung kann die Wahrscheinlichkeit erhöhen, selbst an Panikattacken zu erkranken. Darüber hinaus können Veränderungen im Neurotransmitterhaushalt, insbesondere im Serotonin- und Noradrenalin-System, zu einer erhöhten Angstbereitschaft führen. Das Erkennen der individuellen Ursachen und Auslöser ist daher der erste Schritt, um mit Panikattacken umzugehen und geeignete Bewältigungsstrategien zu entwickeln.

Gut zu wissen

Biochemische Prozesse

Chemische Vorgänge im Körper, die den Stoffwechsel und andere Körperfunktionen steuern. Veränderungen in biochemischen Prozessen im Gehirn, wie z.B. im Serotonin- und Noradrenalin-Haushalt, können zu Angstzuständen beitragen.

Genetische Veranlagungen

Angeborene Faktoren, die durch die Gene bestimmt werden und die Wahrscheinlichkeit beeinflussen, bestimmte Eigenschaften oder Erkrankungen zu entwickeln. Genetische Veranlagungen können die Anfälligkeit für Angststörungen erhöhen.

Neurotransmitter

Chemische Botenstoffe im Gehirn, die die Kommunikation zwischen Nervenzellen ermöglichen. Ungleichgewichte im Neurotransmitterhaushalt, z.B. bei Serotonin und Noradrenalin, können Angststörungen beeinflussen.

Progressive Muskelentspannung

Eine Entspannungstechnik, bei der durch bewusstes An- und Entspannen verschiedener Muskelgruppen ein Zustand tiefer Entspannung erreicht wird. Diese Technik kann helfen, körperliche Anspannung, die oft mit Angst einhergeht, zu reduzieren und so Angstsymptome zu lindern.

Korrelation der Panikattackenintensität

Zusammenhang zwischen Auslöserstärke und Panikattackenintensität.

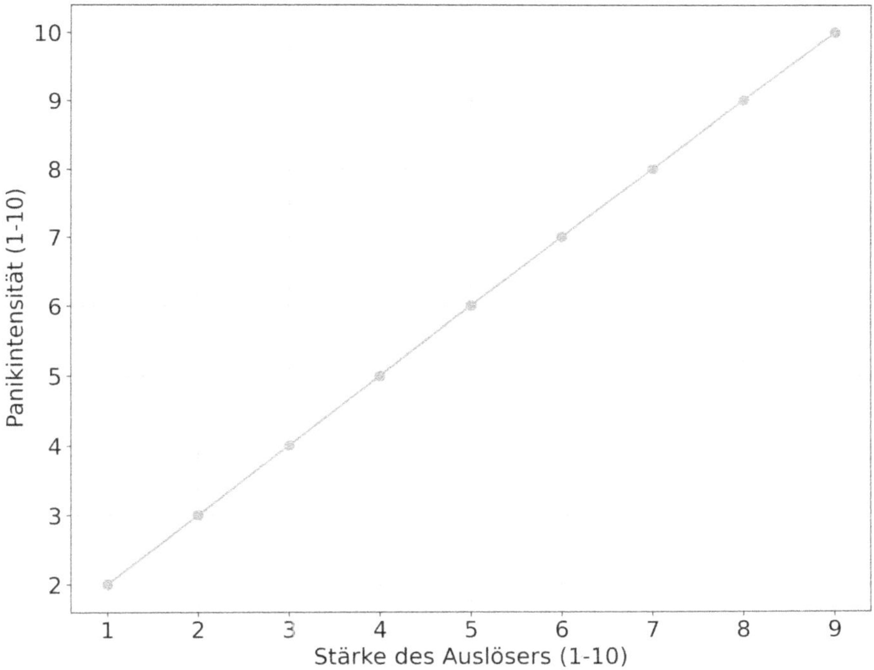

Das Diagramm veranschaulicht eine positive Korrelation zwischen der wahrgenommenen Stärke eines Auslösers und der darauffolgenden Intensität einer Panikattacke. Obwohl die individuellen Reaktionen variieren, führt ein stärkerer Auslöser im Allgemeinen zu einer intensiveren Panikattacke. Dies unterstreicht die Bedeutung der Identifizierung und des Managements von Auslösern, um die Schwere von Panikattacken zu mindern.

Teufelskreis aus Angst und Anspannung

Angst und Anspannung bedingen sich oft gegenseitig und können einen Teufelskreis bilden. Steigende Anspannung – muskulär, aber auch mental – verstärkt Angstgefühle. Diese wiederum erhöhen die Anspannung, was zu einem sich selbst verstärkenden Kreislauf führt. Angewandte Entspannung (AE) bietet hier einen Ansatzpunkt, diesen Kreislauf zu unterbrechen [s19]. AE trainiert die gezielte Entspannung der Muskulatur, was zu einer Reduktion der physiologischen Angstreaktionen führt und so die Anspannung senkt. Gleichzeitig lernen Betroffene, erste Anzeichen von Angst frühzeitig wahrzunehmen. Entspannungstechniken können dann gezielt eingesetzt werden, noch bevor die Angst stark ansteigt und den Teufelskreis in Gang setzt [s19]. Wer beispielsweise im Berufsalltag erste Anzeichen von Nervosität bemerkt – unter anderem ein flaues Gefühl im Magen oder angespannte Schultern – kann durch eine kurze Atemübung oder eine progressive_muskelentspannung gegensteuern und so die Eskalation der Angst verhindern. Durch Selbstbeobachtung lernen Betroffene, ihre Angstsymptome objektiver einzuschätzen [s19]. Anstatt die Symptome als bedrohlich zu interpretieren und die Angst dadurch weiter zu verstärken, kann die Akzeptanz der Angstgefühle den Teufelskreis durchbrechen. AE unterstützt diesen Prozess, indem sie den Umgang mit Angst lehrt, statt die Vermeidung zu fördern [s19]. So kann die Angst ihre Bedrohlichkeit verlieren und der Teufelskreis aus Anspannung und Angst nachhaltig unterbrochen werden.

Gut zu wissen

Angewandte Entspannung (AE)

Ein Entspannungsverfahren, das darauf abzielt, durch gezieltes Anspannen und Entspannen verschiedener Muskelgruppen körperliche und geistige Ruhe zu erreichen. Im Kontext der Angstbewältigung hilft AE, den Teufelskreis aus Angst und Anspannung zu durchbrechen, indem sie die körperlichen Symptome der Angst reduziert und die Selbstwahrnehmung für diese Symptome schärft.

Physiologische Angstreaktionen

Körperliche Reaktionen, die als Folge von Angst auftreten, wie z. B. erhöhter Herzschlag, beschleunigte Atmung, Muskelverspannungen, Schwitzen oder Zittern. Das Verstehen und Regulieren dieser Reaktionen ist ein wichtiger Bestandteil der Angstbewältigung.

Der Teufelskreis der Angst

Zusammenhang zwischen Angstauslösern, körperlichen Symptomen und Vermeidungsverhalten.

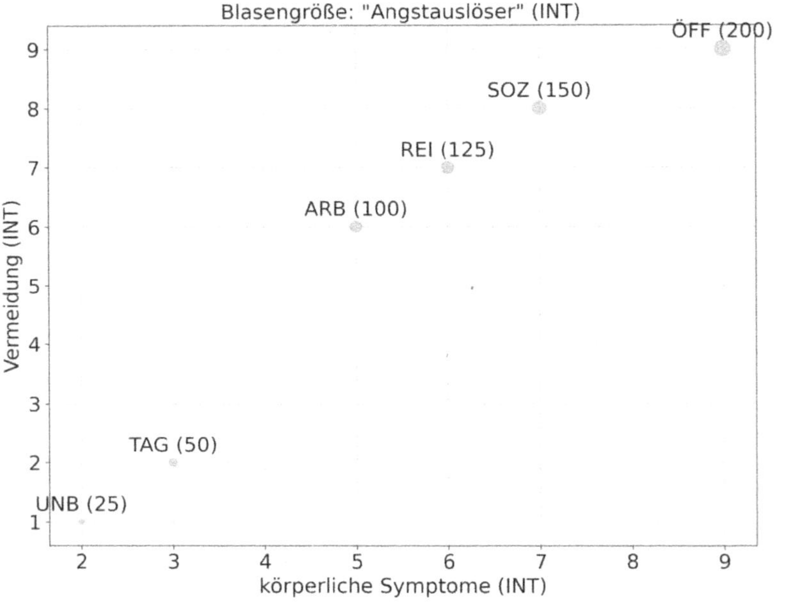

Blasengröße: Angstauslöser (INT)

ARB: Arbeitstermine

REI: Reisen

TAG: Tägliche Stressoren

ÖFF: Öffentliches Reden

SOZ: Soziale Situationen

UNB: Unbekannte Auslöser

Das Diagramm zeigt, wie verschiedene Angstauslöser zu unterschiedlichen körperlichen Symptomen und Vermeidungsverhalten führen können. Größere Blasen weisen auf einen stärkeren Zusammenhang zwischen Auslöser, Symptomen und Vermeidung hin. Beispielsweise können soziale Situationen erhebliche körperliche Beschwerden und starke Vermeidung auslösen, während kleinere tägliche Stressoren zu weniger körperlichen Symptomen und weniger Vermeidung führen können. Diese Visualisierung verdeutlicht, wie sich der Kreislauf selbst aufrechterhält: Vermeidung verstärkt die Angst, was in Zukunft zu intensiveren Reaktionen führt.

Umgang mit akuter Todesangst

Akute Todesangst kann durch verschiedene Faktoren ausgelöst werden und äußert sich in intensiven Gefühlen der Furcht und Panik. Wie Patienten mit schwerer COPD [s20], können auch andere Betroffene Strategien entwickeln, um mit dieser extremen Angst umzugehen. Die Konzentration auf den gegenwärtigen Moment und die Vermeidung von Gedanken an die Zukunft oder den Tod kann, wie bei den COPD-Patienten, als emotionale Bewältigungsstrategie dienen [s20]. Durch die Fokussierung auf das Hier und Jetzt lässt sich die überwältigende Angst vor dem Unbekannten reduzieren. Atemübungen, wie sie auch von COPD-Patienten angewendet werden [s20], bieten eine weitere Möglichkeit, die akute Todesangst zu bewältigen. Tiefe, kontrollierte Atemzüge können die körperlichen Symptome der Panik, wie Herzrasen und Atemnot, lindern und so zu einer Beruhigung beitragen. Neben diesen selbstständigen Maßnahmen kann, wie die Studie zeigt, auch das Vertrauen in medizinische Unterstützung und die Inanspruchnahme professioneller Hilfe wesentlich zur Angstreduktion beitragen [s20]. Die Akzeptanz der Angst und die Suche nach Freude und Sinn in alltäglichen Dingen, wie es die COPD-Patienten vormachten [s20], können ebenfalls dazu beitragen, die Todesangst zu bewältigen. Die kognitive_verhaltenstherapie bietet darüber hinaus Techniken wie Exposition und kognitive Umstrukturierung, die sich als wirksam bei der Behandlung von Todesangst erwiesen haben [s21]. Durch die schrittweise Konfrontation mit den angstauslösenden Gedanken und Situationen in einem sicheren therapeutischen Rahmen kann die Angst reduziert und die Kontrolle zurückgewonnen werden. Die kognitive Umstrukturierung hilft, negative und unrealistische Gedankenmuster zu identifizieren und durch positive, realitätsnähere Gedanken zu ersetzen. Die Auseinandersetzung mit existenziellen Themen, wie der Angst vor dem Tod, kann zudem die therapeutische Beziehung stärken und ein tieferes Verständnis für

die eigenen Ängste ermöglichen [s21]. Ähnlich wie Patienten, die nach dem Konsum psychedelischer Drogen Schwierigkeiten erleben [s22], können auch Menschen mit Todesangst von der Erkenntnis profitieren, dass die Angst ein Teil eines Integrationsprozesses sein kann, der zu persönlichem Wachstum führt [s22]. Die bewusste Auseinandersetzung mit der Todesangst, anstatt sie zu verdrängen, kann zu einer veränderten Lebensperspektive und einer größeren Wertschätzung des Lebens führen.

Gut zu wissen

COPD

Chronisch obstruktive Lungenerkrankung, eine fortschreitende Lungenerkrankung, die das Atmen erschwert und häufig Angstzustände verstärkt. Das Verständnis der körperlichen Auswirkungen von COPD kann helfen, die damit verbundenen Ängste zu bewältigen.

Integrationsprozess

Die Verarbeitung und Einordnung von schwierigen emotionalen Erfahrungen, wie z.B. Angst, in das eigene Selbstverständnis. Dieser Prozess kann zu persönlichem Wachstum und einer veränderten Perspektive auf das Leben führen.

Kognitive Umstrukturierung

Ein Bestandteil der kognitiven Verhaltenstherapie, der darauf abzielt, negative und unrealistische Gedankenmuster zu identifizieren und durch hilfreichere und realistischere Gedanken zu ersetzen. Dies kann dazu beitragen, die Intensität der Angst zu reduzieren.

Psychedelische Drogen

Substanzen, die Wahrnehmungen, Gedanken und Gefühle verändern können. Manchmal können sie intensive emotionale Erfahrungen auslösen, die zu Angst führen, aber auch zu persönlichem Wachstum und neuen Perspektiven beitragen können, wenn sie in einem therapeutischen Kontext integriert werden.

Wirksamkeit von Interventionen bei akuter Todesangst

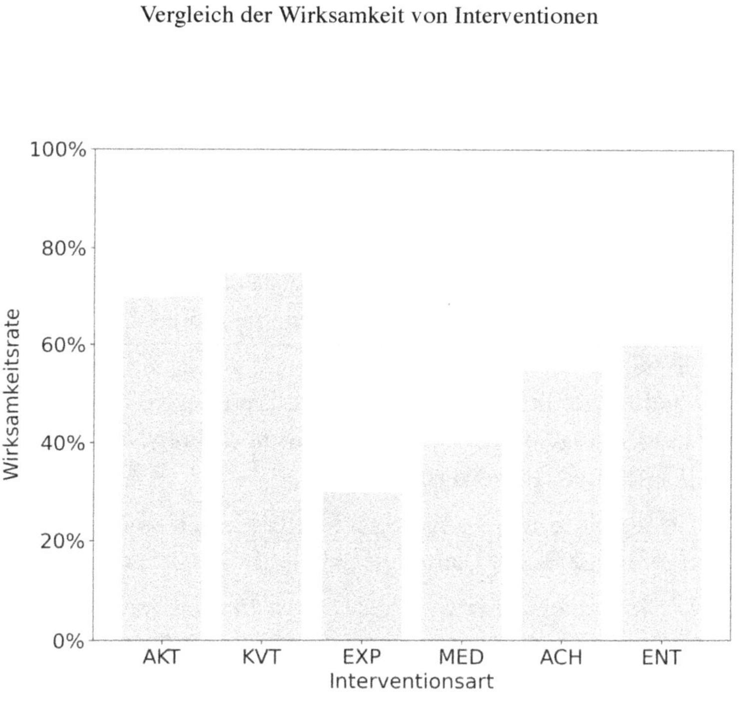

ACH: Achtsamkeit
ENT: Entspannungstechniken
KVT: Kognitive Verhaltenstherapie
AKT: Akzeptanz- und Commitmenttherapie
EXP: Expositionstherapie
MED: Medikamente

Kognitive Verhaltenstherapie (KVT) und Akzeptanz- und Commitmenttherapie (AKT) zeigen die höchsten Wirksamkeitsraten bei der Behandlung von akuter Todesangst. Medikamente können zwar kurzfristig Linderung verschaffen, ihre Wirksamkeit ist jedoch geringer als die von therapeutischen Interventionen. Achtsamkeits- und Entspannungstechniken bieten eine moderate Wirksamkeit, was darauf hindeutet, dass sie wertvolle ergänzende Instrumente sein können. Die Expositionstherapie zeigt aufgrund der Sensibilität der Angst trotz ihrer potenziellen Wirksamkeit eine geringere unmittelbare Wirkung.

Konkrete Ratschläge

- Beobachten Sie Ihre Angst wie einen neugierigen Forscher: Welche körperlichen Empfindungen, Gedanken und Verhaltensweisen treten auf?
- Führen Sie ein "Angst-Forschungstagebuch", in dem Sie Ihre Beobachtungen detailliert festhalten, ohne zu bewerten.
- Vergeben Sie Namen für Ihre verschiedenen Angst-Charaktere (z.B. "der Zauderer", "die Grüblerin").
- Stellen Sie sich vor, Sie wären ein Regisseur und Ihre Angst ein Schauspieler: Wie würden Sie die Szene inszenieren, um die Angst weniger bedrohlich wirken zu lassen?
- Verwandeln Sie Ihre Angst in eine kreative Energie: Schreiben Sie ein Gedicht, malen Sie ein Bild oder komponieren Sie ein Musikstück über Ihre Angst.
- Entwickeln Sie einen "Angst-Erste-Hilfe-Kasten" mit Dingen, die Ihnen guttun, z.B. ein Lieblingsbuch, Duftöl oder ein Kuscheltier.
- Bauen Sie sich ein Netzwerk aus "Angst-Verbündeten" auf: Menschen, denen Sie vertrauen und mit denen Sie über Ihre Angst sprechen können.
- Betrachten Sie Ihre Angst als Kompass, der Ihnen zeigt, welche Bedürfnisse unerfüllt sind und welche Werte Ihnen wichtig sind.
- Entwickeln Sie eine "Angst-Dankbarkeitsliste": Wofür sind Sie trotz Ihrer Angst dankbar?
- Sehen Sie Ihre Angst als Chance für persönliches Wachstum und die Entwicklung von Resilienz.

Rückblick - 1. Grundlagen der Angst und Angstzustände

Angst ist ein natürlicher Bestandteil des menschlichen Lebens, eine Reaktion unseres Körpers auf potenzielle Gefahren. Sie äußert sich sowohl emotional als auch körperlich, beispielsweise durch Herzrasen, beschleunigte Atmung oder Muskelverspannungen. Wichtig ist, diese Reaktionen als natürlichen Bestandteil des Stressmechanismus zu verstehen und nicht als Bedrohung zu interpretieren. Ein konstruktiver Umgang mit Angst beginnt daher mit der bewussten Wahrnehmung der eigenen körperlichen und emotionalen Reaktionen. Versuchen Sie, Ihre Symptome neutral zu beobachten und zu beschreiben, ohne sie zu bewerten. Statt zu denken "Ich habe Panik, gleich passiert etwas Schlimmes!", könnten Sie sich sagen: "Ich spüre gerade ein Kribbeln in den Händen und mein Herz schlägt schneller. Das ist unangenehm, aber es ist nur eine körperliche Reaktion auf Stress." Diese veränderte Wahrnehmung kann Ihnen helfen, die Angstspirale zu durchbrechen.

Stress und Angst beeinflussen sich wechselseitig. Chronischer Stress erhöht die Anfälligkeit für Angststörungen, während anhaltende Angst wiederum Stress verursacht. Um diesen Kreislauf zu durchbrechen, ist ein aktives Stressmanagement unerlässlich. Integrieren Sie regelmäßig Entspannungstechniken in Ihren Alltag, wie beispielsweise progressive Muskelentspannung, Atemübungen oder Meditation. Auch regelmäßige Bewegung, eine ausgewogene Ernährung und ausreichend Schlaf können Ihre Stressresistenz stärken und Ihre Angstsymptome lindern. Finden Sie heraus, welche Aktivitäten Ihnen persönlich guttun und Ihnen helfen, abzuschalten und neue Energie zu tanken. Prioritäten setzen, Aufgaben delegieren und sich bewusst Zeit für Erholung nehmen, sind weitere wichtige Strategien im Umgang mit Stress.

Es ist wichtig, zwischen normaler Angst und einer Angststörung zu unterscheiden. Während normale Angst eine angemessene Reaktion auf eine reale Gefahr ist, ist eine Angststörung durch übermäßige, anhaltende und unrealistische Ängste gekennzeichnet, die den Alltag erheblich beeinträchtigen. Wenn Ihre Angst Ihr Leben stark einschränkt und Sie sich beispielsweise aus Angst vor sozialen Situationen immer mehr zurückziehen oder Ihre beruflichen Leistungen darunter leiden, sollten Sie professionelle Hilfe in Anspruch nehmen. Eine Psychotherapie, insbesondere die kognitive Verhaltenstherapie, kann Ihnen helfen, Ihre Ängste zu verstehen, negative Denkmuster zu verändern und neue Bewältigungsstrategien zu entwickeln. Scheuen Sie sich nicht, sich Unterstützung zu suchen. Eine Therapie ist kein Zeichen von Schwäche, sondern ein wichtiger Schritt, um Ihre Lebensqualität zu verbessern.

Der Umgang mit Angst erfordert Geduld und Ausdauer. Es wird Rückschläge geben und es kann herausfordernd sein, die erlernten Strategien im Alltag konsequent umzusetzen. Seien Sie nachsichtig mit sich selbst und geben Sie nicht auf. Jeder kleine Schritt in Richtung eines angstfreieren Lebens ist ein Erfolg. Konzentrieren Sie sich auf Ihre Fortschritte und erinnern Sie sich daran, dass Sie nicht allein sind. Mit den richtigen Werkzeugen und der Unterstützung von Experten können Sie lernen, Ihre Angst zu bewältigen und ein erfülltes Leben zu führen.

2. Selbsthilfestrategien bei Ängsten

Haben Sie sich jemals gefragt, warum manche Menschen trotz intensiver Ängste ein erfülltes Leben führen können? Der Unterschied liegt oft nicht in der Abwesenheit von Angst, sondern in der Fähigkeit, wirksame Strategien zur Selbstregulation zu entwickeln und anzuwenden. Diese Fähigkeiten sind erlernbar und können sowohl auf körperlicher als auch auf mentaler Ebene ansetzen, während sie gleichzeitig den Alltag strukturieren und stabilisieren. Die folgenden Seiten bieten Ihnen konkrete Werkzeuge, die Sie selbstständig und ohne therapeutische Begleitung einsetzen können, um Ihre Angst nicht länger als übermächtigen Gegner, sondern als bewältigbare Herausforderung zu erleben.

2. 1 Körperorientierte Techniken zur Angstlinderung

Körperorientierte Techniken bieten einen direkten Zugang zur Angstbewältigung, indem sie auf die physiologischen Prozesse einwirken, die Angstreaktionen auslösen. Atemübungen, progressive Muskelentspannung und körperliche Aktivität beeinflussen nachweislich Stresshormone, muskuläre Anspannung und die Wahrnehmung körperlicher Empfindungen. Diese Techniken ermöglichen es, die oft unbewussten körperlichen Reaktionen auf Angst bewusst zu steuern und langfristig einen entspannteren Umgang mit Stresssituationen zu entwickeln. Entdecken Sie im Folgenden konkrete Übungen und erfahren Sie, wie Sie diese effektiv in Ihren Alltag integrieren.

Die gezielte Beeinflussung der Atmung, der Muskulatur und des Aktivitätslevels bietet wirksame Wege, die physiologischen Reaktionen auf Angst zu regulieren und so Angstsymptome zu lindern.

Atemübungen zur Beruhigung bei akuter Angst

Atemübungen bieten wirksame Werkzeuge zur Bewältigung akuter Angst. Sie beeinflussen direkt physiologische Prozesse, die Angstreaktionen auslösen. Tiefes Atmen etwa erhöht den Sauerstoffgehalt im Blut und massiert die inneren Organe, was zu Entspannung führt [s23]. Zwerchfellatmung, bei der sich der Bauch beim Einatmen hebt und beim Ausatmen senkt, kann nachweislich negative Emotionen reduzieren und die anhaltende Aufmerksamkeit verbessern [s24]. Auch der Cortisolspiegel, ein Indikator für physiologischen Stress, sinkt durch diese Atemtechnik messbar [s24]. Für eine effektive Anwendung von Atemübungen zur Angstreduktion ist langsames Atmen entscheidend [s25]. Kurze, schnelle Atemzüge hingegen können Angstsymptome verstärken und sollten vermieden werden [s25]. Sitzungen von mindestens fünf Minuten Dauer, am besten über einen längeren Zeitraum und unter Anleitung, maximieren den positiven Effekt [s25]. Atemübungen fördern die Achtsamkeit, indem sie die Aufmerksamkeit auf den Atem lenken und so die Reaktivität auf unangenehme innere Empfindungen verringern [s26]. Dies unterstützt die emotionale Regulation, ein wichtiger Faktor bei der Bewältigung von Angst [s26]. Verschiedene Atemtechniken, wie etwa die Körper-Scan-Übung, beeinflussen die Herzfrequenzvariabilität positiv, ein Zeichen für reduzierten physiologischen Stress [s27]. Die Körper-Scan-Übung, bei der die Aufmerksamkeit nacheinander auf verschiedene Körperbereiche gelenkt wird, zeigte in Studien die stärksten positiven Effekte auf die Herzfrequenzvariabilität und wurde mit einer signifikanten Abnahme des subjektiven Stresses in Verbindung gebracht [s27]. Auch bei klinisch diagnostizierten Angststörungen konnten durch langsame, kontrollierte Atemtechniken, insbesondere die Zwerchfellatmung, signifikante Verbesserungen der Angstsymptome erzielt werden [s28]. Diese Techniken fördern die parasympathische Aktivität, was zu einer verbesserten emotionalen Regulation und Stressreduktion beiträgt [s28]. Langfristige Anwendung von Atemübungen kann nicht nur die Angstbewältigung, sondern auch die Lebensqualität nachhaltig verbessern [s28]. Beginnen Sie etwa mit einer einfachen Übung: Atmen Sie langsam und tief durch die Nase ein, halten Sie den Atem kurz an und atmen Sie dann langsam durch den Mund wieder aus. Konzentrieren Sie sich dabei ausschließlich auf Ihren Atem. Wiederholen Sie dies für einige Minuten.

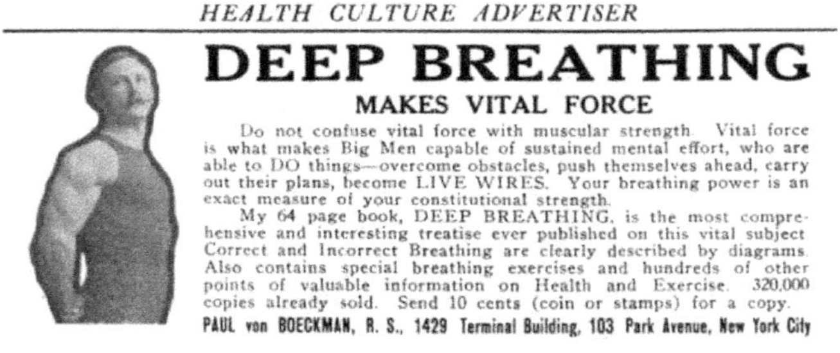

Zwerchfellatmung [i10]

Gut zu wissen

Cortisolspiegel

Der Cortisolspiegel ist ein Indikator für Stress im Körper. Atemübungen können helfen, den Cortisolspiegel zu senken und so die Auswirkungen von Stress zu reduzieren.

Herzfrequenzvariabilität

Die Herzfrequenzvariabilität ist ein Maß für die Anpassungsfähigkeit des Körpers an Stress. Atemübungen können diese Variabilität positiv beeinflussen und so die Stressresistenz verbessern.

Parasympathische Aktivität

Die parasympathische Aktivität ist Teil des vegetativen Nervensystems und fördert Entspannung und Regeneration. Atemübungen können diese Aktivität stimulieren und so Angstsymptome lindern.

Effektivität von Atemtechniken zur Angstreduktion

Angstreduktion durch Atmung

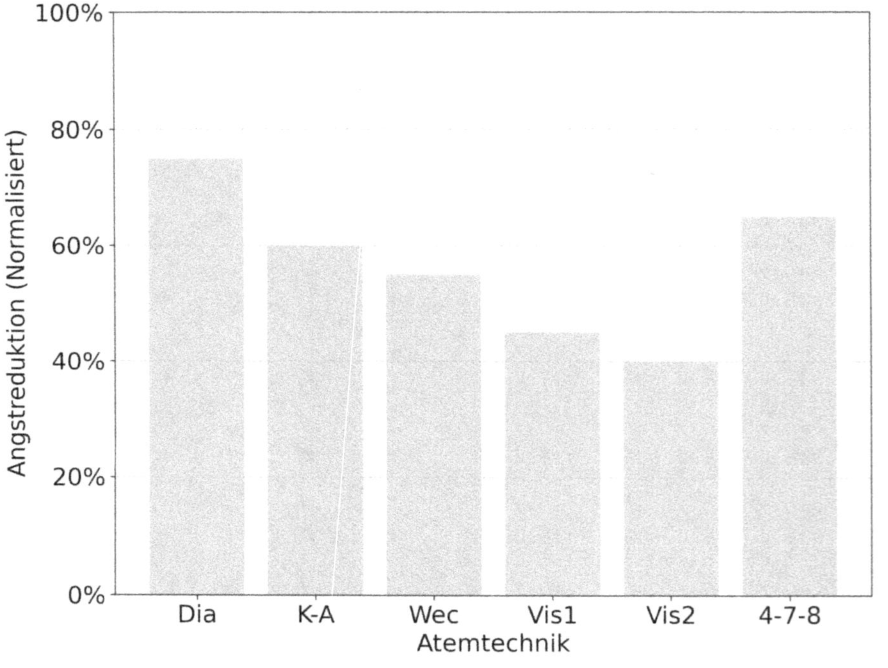

4-7-8: 4-7-8 Atmung

K-A: Kastenatmung

Vis2: Visualisierung - Sicherer Ort

Dia: Zwerchfellatmung

Vis1: Visualisierung - Natur

Wec: Wechselatmung

Das Diagramm zeigt die relative Effektivität verschiedener Atemtechniken bei der Reduzierung von Angstsymptomen. Die Zwerchfellatmung zeigt die stärkste Wirkung, was auf ihr Potenzial als wirksames Instrument zur Angstbewältigung hindeutet. Obwohl alle Techniken einen gewissen Nutzen bieten, scheinen die Visualisierungsmethoden, wenn auch hilfreich, etwas weniger effektiv zu sein als die fokussierten Atemübungen.

Progressive Muskelentspannung gegen Anspannung

Progressive Muskelentspannung (PMR) bietet einen wirksamen Ansatz zur Bewältigung von Anspannung und Angst. Die Methode basiert auf dem gezielten Anspannen und anschließendem Entspannen verschiedener Muskelgruppen. Durch diesen Kontrast wird die Wahrnehmung für körperliche Entspannung geschärft und die Sensibilität für Anspannungszustände erhöht [s19]. Dies ermöglicht es, muskuläre Reaktionen auf Stress, die oft unbewusst ablaufen, bewusst wahrzunehmen und zu kontrollieren. Studien belegen, dass PMR Angst- und Stresssymptome in unterschiedlichen Kontexten deutlich reduzieren kann [s29]. Die systematische Anspannung und Entspannung einzelner Muskelpartien, beginnend etwa mit der Faust, führt zu einer tiefen körperlichen Entspannung, die sich auch positiv auf die psychische Verfassung auswirkt. So kann durch das bewusste Loslassen der angespannten Muskulatur ein Zustand der Ruhe und Gelassenheit erreicht werden. PMR lässt sich gut mit anderen Entspannungstechniken, wie der bereits erwähnten tiefen Atmung, kombinieren, wodurch die positive Wirkung verstärkt werden kann [s29]. Ein weiterer Vorteil von PMR ist die einfache Erlernbarkeit. Die Technik kann ohne großen Aufwand in den Alltag integriert werden und erfordert keine spezielle Umgebung [s29]. Durch regelmäßiges Üben lernen Sie, erste Anzeichen von Anspannung frühzeitig zu erkennen und mit PMR gezielt entgegenzuwirken [s19]. So lässt sich die physiologische Reaktion auf Angst reduzieren und langfristig ein entspannterer Umgang mit Stresssituationen entwickeln. Beginnen Sie mit einer einfachen Übung: Spannen Sie Ihre rechte Faust für einige Sekunden fest an, konzentrieren Sie sich auf das Gefühl der Anspannung und lassen Sie dann die Faust langsam wieder los. Achten Sie dabei auf das angenehme Gefühl der Entspannung, das sich in der Hand ausbreitet. Wiederholen Sie dies mit der linken Faust und fahren Sie so mit den verschiedenen Muskelgruppen fort.

Gut zu wissen

Progressive Muskelentspannung

PMR hilft, die Verbindung zwischen Körper und Geist zu verstehen und zu nutzen, um Ängste zu bewältigen. Durch das bewusste Anspannen und Entspannen von Muskeln lernt man, körperliche Anspannung, die oft mit Angst einhergeht, abzubauen und so die Angst zu reduzieren.

Entspannungseffekt über die Zeit mit Progressiver Muskelentspannung

Zusammenhang zwischen Übungsdauer und erreichter Entspannung.

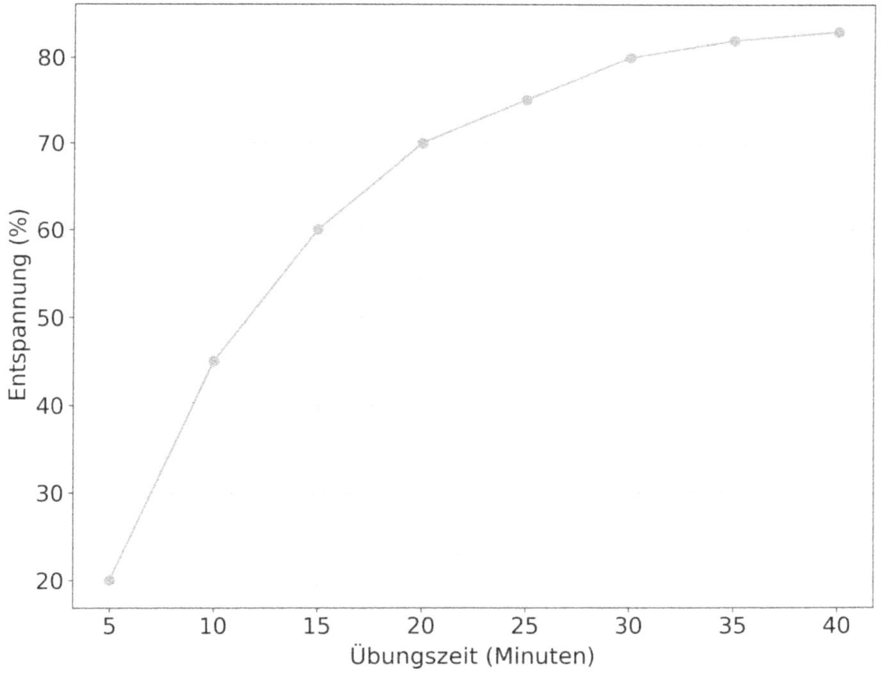

Die Grafik veranschaulicht einen positiven Zusammenhang zwischen der Zeit, die mit progressiver Muskelentspannung verbracht wird und dem daraus resultierenden Entspannungseffekt. Zu Beginn steigt der Entspannungsnutzen schnell an, was darauf hindeutet, dass bereits kurze Übungseinheiten spürbare Verbesserungen bringen können. Die Verbesserungsrate verlangsamt sich jedoch allmählich, was auf abnehmende Erträge bei übermäßig langen Sitzungen hindeutet. Es gibt wahrscheinlich eine optimale Übungsdauer, bei der maximale Entspannung ohne unnötigen Zeitaufwand erreicht wird.

Körperliche Aktivität als Angstlöser

Körperliche Aktivität bietet einen weiteren Ansatz zur Angstbewältigung. Bewegung beeinflusst nicht nur die körperliche, sondern auch die psychische Gesundheit positiv. Studien zeigen, dass regelmäßige körperliche Betätigung das Auftreten von Angst- und Depressionssymptomen reduziert und somit einen schützenden Effekt gegen diese psychischen Belastungen bietet [s30]. Dieser positive Einfluss lässt sich unter anderem auf die Auswirkungen von Sport auf die Hypothalamus-Hypophysen-Nebennieren-Achse (HPA-Achse) zurückführen. Die HPA-Achse steuert die Stressreaktion des Körpers. Körperliche Aktivität reduziert die Reaktivität dieser Achse und trägt so zu einer verbesserten Stressregulation und Angstreduktion bei [s30].

Achtsamkeitsmeditation [i11]

Yoga [i12]

Ein weiterer positiver Effekt von Bewegung ist die Förderung der Neurogenese, der Neubildung von Nervenzellen, im Hippocampus, einer Hirnregion, die maßgeblich an Lern- und Gedächtnisprozessen beteiligt ist. Diese Neurogenese wird mit der Behandlung von psychischen Erkrankungen, einschließlich Angststörungen, in Verbindung gebracht [s30]. Über die rein physiologischen Effekte hinaus bietet Sport die Möglichkeit, sich mit den körperlichen Symptomen von Angst, wie erhöhter Herzfrequenz und Atmung, auseinanderzusetzen. Die Konfrontation mit diesen Symptomen in einem sicheren Kontext, wie beim Sport, kann die Toleranz gegenüber diesen Empfindungen steigern und die Angstempfindlichkeit langfristig verringern [s30]. Neben klassischen Sportarten bieten auch Yoga und Achtsamkeitsmeditation vielversprechende Ansätze zur Angstreduktion, insbesondere bei generalisierten Angststörungen [s31]. Yoga verbindet körperliche Übungen mit Achtsamkeitselementen und kann so sowohl körperliche als auch psychische Spannungen lösen. Achtsamkeitsmeditation wiederum schult die Fähigkeit, im gegenwärtigen Moment zu verweilen, ohne die eigenen Gedanken und Gefühle zu bewerten. Dies kann dazu beitragen, angstvolle Gedankenspiralen zu durchbrechen und die emotionale Regulation zu verbessern. Die Kombination von Yoga mit kognitiver Verhaltenstherapie kann die Effektivität der Behandlung zusätzlich erhöhen und die Patientenbindung verbessern [s31]. Um die positiven Effekte von körperlicher Aktivität auf die Psyche optimal zu nutzen, empfiehlt es sich, regelmäßig Sport zu treiben. Beginnen Sie mit moderater Intensität und steigern Sie die Belastung langsam. Finden Sie eine Sportart, die Ihnen Spaß macht, um die Motivation langfristig aufrechtzuerhalten. Integrieren Sie Bewegung in Ihren Alltag, zu vergleichen mit einem Spaziergang in der Mittagspause oder dem Fahrradfahren zur Arbeit. Auch kurze Bewegungseinheiten können bereits positive Auswirkungen auf Ihr Wohlbefinden haben.

Gut zu wissen

Achtsamkeitsmeditation

Achtsamkeitsmeditation hilft, die Aufmerksamkeit auf den gegenwärtigen Moment zu lenken, ohne Gedanken und Gefühle zu bewerten. Dadurch können angstvolle Gedankenspiralen unterbrochen und Ängste reduziert werden.

Hypothalamus-Hypophysen-Nebennieren-Achse

Die HPA-Achse spielt eine zentrale Rolle bei der Stressreaktion des Körpers. Durch körperliche Aktivität kann die Reaktivität dieser Achse reduziert werden, was zu einer verbesserten Stressregulation und somit zur Linderung von Angst beiträgt.

Neurogenese

Neurogenese, die Neubildung von Nervenzellen, kann durch körperliche Aktivität, insbesondere im Hippocampus, gefördert werden. Dieser Prozess wird mit einer verbesserten Angstbewältigung in Verbindung gebracht.

Auswirkung von Bewegung auf die Angstbewältigung

Bewegungsarten und ihr relativer Einfluss auf die Angstreduktion.

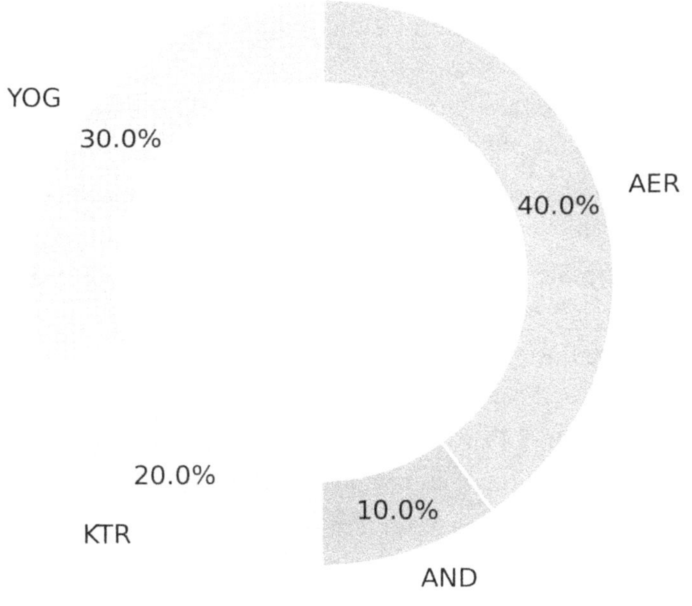

AER: Aerob (Laufen, Schwimmen, Radfahren)

KTR: Krafttraining (Gewichtheben, Körpergewicht)

AND: Andere Aktivitäten (z. B. Mannschaftssport, Tanzen)

YOG: Geist-Körper (Yoga, Tai-Chi, Meditation)

Während aerobe Aktivitäten wie Laufen und Schwimmen einen signifikanten Einfluss auf die Angstreduktion zeigen, bieten auch Geist-Körper-Praktiken wie Yoga und Tai-Chi erhebliche Vorteile. Auch Krafttraining spielt eine Rolle, was darauf hindeutet, dass ein ganzheitlicher Ansatz zur Bewegung am effektivsten bei der Bewältigung von Angstzuständen sein kann.

Konkrete Ratschläge

- Spüren Sie die Bodenhaftung Ihrer Füße und verlagern Sie Ihr Gewicht langsam von einer Seite zur anderen.
- Klopfen Sie sanft mit den Fingerspitzen auf Ihren Brustkorb und summen Sie dabei leise ein Lied.
- Streichen Sie mit den Handflächen über Ihre Arme und Beine, als würden Sie Staub entfernen und spüren Sie die Berührung Ihrer Haut.
- Massieren Sie Ihre Ohrläppchen sanft und konzentrieren Sie sich auf die Empfindungen in Ihren Ohren.
- Recken und strecken Sie sich wie eine Katze, die gerade aufgewacht ist und genießen Sie die Dehnung Ihrer Muskeln.
- Schaukeln Sie sanft hin und her, im Sitzen oder Stehen und lassen Sie Ihren Körper den Rhythmus finden.
- Legen Sie Ihre Hände auf Ihren Bauch und spüren Sie, wie er sich beim Ein- und Ausatmen hebt und senkt.
- Ballern Sie Ihre Fäuste und lösen Sie die Spannung dann langsam, indem Sie die Finger einzeln ausstrecken.
- Kreisen Sie mit Ihren Schultern vorwärts und rückwärts und lösen Sie so Verspannungen im Nacken- und Schulterbereich.
- Atmen Sie tief ein und stellen Sie sich vor, Sie atmen Ruhe und Gelassenheit ein und beim Ausatmen lassen Sie die Angst ausströmen.
- Spannen Sie alle Muskeln Ihres Körpers für einige Sekunden an und lassen Sie die Spannung dann schlagartig los, um ein Gefühl der Entspannung zu erzeugen.
- Umarmen Sie sich selbst fest und spüren Sie die Geborgenheit und Wärme, die von Ihrem Körper ausgeht.

2. 2 Gedankliche Bewältigungsstrategien

Negative Gedankenspiralen, übermäßige Sorgen und Ängste beeinträchtigen Lebensqualität und Handlungsfähigkeit. Gedankliche Bewältigungsstrategien bieten konkrete Werkzeuge, um diesen Kreislauf zu durchbrechen. Sie lernen, negative Denkmuster zu erkennen, zu hinterfragen und durch realistische Bewertungen zu ersetzen. Erlangen Sie Kontrolle über Ihre Gedanken und Gefühle – dieser Abschnitt zeigt Ihnen wie.

Der Schlüssel zur Bewältigung von Angst liegt in der Fähigkeit, abstrakte Sorgen in konkrete Handlungsschritte zu übersetzen.

Umgang mit negativen Gedankenspiralen

Negative Gedankenspiralen entstehen, wenn sich Gedankenketten auf Probleme fixieren und diese übermäßig bewerten. Dieser Prozess, auch Rumination genannt, verstärkt negative Emotionen und beeinträchtigt die Problemlösungskompetenz [s32]. Anstatt Lösungen zu finden, verharrt man in einem Zustand des Grübelns, was die negativen Emotionen weiter verstärkt [s33]. Die Gedanken konzentrieren sich dabei oft auf abstrakte Sorgen anstatt auf konkrete Handlungsschritte. Jemand, der sich z.B. um seine finanzielle Situation sorgt, grübelt über allgemeine Ängste ("Ich werde meine Rechnungen nicht bezahlen können") anstatt konkrete Schritte zur Problemlösung zu entwickeln (z.B. ein Budget erstellen oder nach zusätzlichen Einnahmequellen suchen) [s34]. Die Unterscheidung zwischen abstraktem und konkretem Denken ist daher entscheidend für den Umgang mit negativen Gedankenspiralen. Eine wirksame Methode, negative Gedankenspiralen zu unterbrechen, ist Achtsamkeit [s35]. Achtsamkeit bedeutet, die Aufmerksamkeit auf den gegenwärtigen Moment zu richten, ohne die Gedanken zu bewerten. Dadurch entsteht Distanz zu den negativen Gedanken und die emotionale Reaktivität nimmt ab. Regelmäßiges Achtsamkeitstraining kann die Fähigkeit zur Emotionsregulation verbessern und somit die Intensität negativer Gedankenspiralen reduzieren [s33]. Die Kognitive Verhaltenstherapie (KVT) bietet ebenfalls Strategien zur Bewältigung negativer Gedankenspiralen [s36]. In der KVT werden negative automatische Gedanken identifiziert und hinterfragt. Durch die sogenannte "geleitete Entdeckung" lernen Betroffene, dysfunktionale Denkmuster zu erkennen und alternative, realistischere Perspektiven zu entwickeln [s36]. Ein Beispiel hierfür wäre, den Gedanken "Ich bin ein Versager" zu hinterfragen, indem man nach konkreten Beweisen für und gegen diesen Gedanken sucht und alternative Erklärungen für die Situation findet. KVT verwendet auch Verhaltensexperimente, um negative Gedanken empirisch zu

überprüfen. So könnte jemand, der befürchtet, von anderen abgelehnt zu werden, in einem Verhaltensexperiment aktiv soziale Kontakte suchen und die Reaktionen der anderen beobachten [s3]. Dieses Vorgehen ermöglicht es, die Gültigkeit der negativen Gedanken zu überprüfen und neue, positive Erfahrungen zu sammeln. Die Kombination aus Achtsamkeit und KVT bietet einen umfassenden Ansatz, um negative Gedankenspiralen zu durchbrechen und die psychische Gesundheit zu fördern [s35] [s36].

Gut zu wissen

Achtsamkeit

Achtsamkeit im Kontext der Angstbewältigung bedeutet, die Aufmerksamkeit bewusst auf den gegenwärtigen Moment zu lenken, ohne die aufkommenden Gedanken und Gefühle zu bewerten. Dies hilft, Abstand zu negativen Gedankenspiralen zu gewinnen und die emotionale Belastung zu reduzieren. Durch regelmäßiges Üben kann Achtsamkeit die Fähigkeit verbessern, mit Angstsymptomen umzugehen und die Kontrolle über die eigenen Emotionen zurückzugewinnen.

Geleitete Entdeckung

Die geleitete Entdeckung ist eine Technik, die in der Kognitiven Verhaltenstherapie eingesetzt wird, um dysfunktionale Denkmuster aufzudecken und zu verändern. Durch gezielte Fragen und Übungen hilft der Therapeut dem Patienten, die Ursachen und Auswirkungen seiner negativen Gedanken zu verstehen und alternative, positive Perspektiven zu entwickeln.

Verhaltensexperimente

Verhaltensexperimente sind ein Bestandteil der Kognitiven Verhaltenstherapie, bei denen Patienten aktiv Situationen aufsuchen, die ihnen Angst machen, um ihre negativen Erwartungen zu überprüfen und neue Erfahrungen zu sammeln. Durch die Konfrontation mit den gefürchteten Situationen können sie lernen, dass ihre Ängste oft unbegründet sind und neue Bewältigungsstrategien entwickeln.

Management Negativer Gedankenspiralen

Häufigkeit, Intensität und Dauer negativer Gedankenmuster.

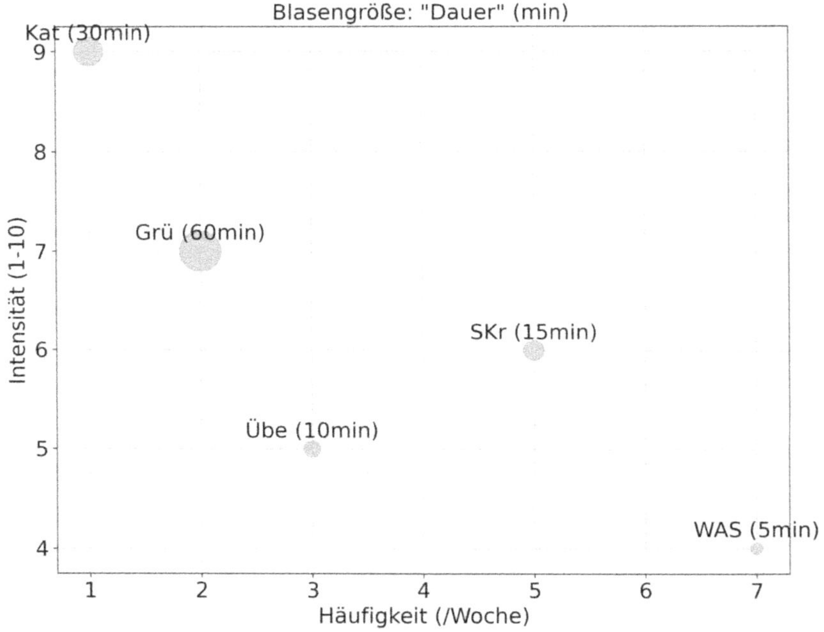

Blasengröße: Dauer (min)

Grü: Grübeln

Kat: Katastrophisieren

SKr: Selbstkritik

Übe: Überforderung

WAS: Was wäre wenn?

Das Diagramm zeigt verschiedene Cluster von negativen Gedankenmustern. Häufige, aber weniger intensive Gedanken wie "Was-wäre-wenn?"-Szenarien sind üblich, aber relativ kurzlebig. Grübeln, obwohl seltener, weist eine höhere Intensität und längere Dauer auf, was auf ein stärker verwurzeltes Muster hindeutet. Katastrophisieren, obwohl selten, zeigt die höchste Intensität und eine moderate Dauer, was auf sein Potenzial für erheblichen Stress hinweist. Diese Visualisierung unterstreicht die Bedeutung der Bewältigung sowohl häufiger, geringer intensiver Gedanken als auch seltener, aber hochintensiver Gedankenmuster, um negative Gedankenspiralen effektiv zu bewältigen.

Realitätsprüfung bei übermäßigen Sorgen

Realitätsprüfung stellt einen wichtigen Aspekt in der Bewältigung von übermäßigen Sorgen dar. Sie dient dazu, die Gültigkeit der eigenen Befürchtungen zu überprüfen und den Grad ihrer Realitätsnähe einzuschätzen. Häufig basieren Sorgen auf Annahmen und Befürchtungen, die bei genauerer Betrachtung nicht der Realität entsprechen oder übertrieben sind. Die Realitätsprüfung hilft, diese Diskrepanz aufzudecken und die Sorgen auf ein realistischeres Maß zu reduzieren. Ein wichtiger Bestandteil der Realitätsprüfung ist die Unterscheidung zwischen Gedanken und Fakten. Gedanken sind subjektive Interpretationen der Realität, während Fakten objektiv überprüfbar sind. Bei übermäßigen Sorgen neigen Menschen dazu, ihre Gedanken als Fakten zu betrachten, ohne deren Wahrheitsgehalt zu hinterfragen. Die Realitätsprüfung setzt genau hier an, indem die Person lernt, ihre Gedanken kritisch zu hinterfragen und Beweise für und gegen ihre Befürchtungen zu sammeln. Durch diesen Prozess können unrealistische Sorgen entkräftet und durch realistischere Einschätzungen ersetzt werden. Unter anderem kann das einheitliche Protokoll für transdiagnostische Behandlung eingesetzt werden, um emotionale Vermeidung zu identifizieren und zu verhindern, was die Realitätsprüfung von übermäßigen Sorgen unterstützt [s3]. Auch imaginative Expositionen, bei denen sich Patienten ihren schlimmsten Befürchtungen stellen, fördern die Realitätsprüfung, indem sie die Konfrontation mit den Sorgen ohne Vermeidungsverhalten ermöglichen [s3]. So können Betroffene lernen, dass die befürchteten Konsequenzen oft nicht eintreten oder weniger schlimm sind als erwartet. Diese Erfahrung kann dazu beitragen, die Sorgen zu relativieren und die Angst zu reduzieren.

Gut zu wissen

Diskrepanz

Im Kontext der Angstbewältigung beschreibt die Diskrepanz die Differenz zwischen der wahrgenommenen Bedrohung und der tatsächlichen Gefahr. Durch die Realitätsprüfung kann diese Diskrepanz erkannt und die Angst reduziert werden.

Einheitliches Protokoll für transdiagnostische Behandlung

Ein Therapieansatz, der sich auf gemeinsame Merkmale verschiedener psychischer Störungen konzentriert, anstatt auf spezifische Diagnosen. Im Zusammenhang mit Angstbewältigung hilft es, die zugrundeliegenden Mechanismen der Angst zu bearbeiten, unabhängig von der konkreten Form der Angststörung.

Imaginative Exposition

Eine Technik, bei der man sich in der Vorstellung mit den gefürchteten Situationen oder Objekten auseinandersetzt. Diese Methode kann helfen, die Angst vor diesen Situationen zu reduzieren und neue Bewältigungsstrategien zu entwickeln.

Wahrgenommenes vs. tatsächliches Risiko

Vergleich der wahrgenommenen und tatsächlichen Risiken häufiger Sorgen.

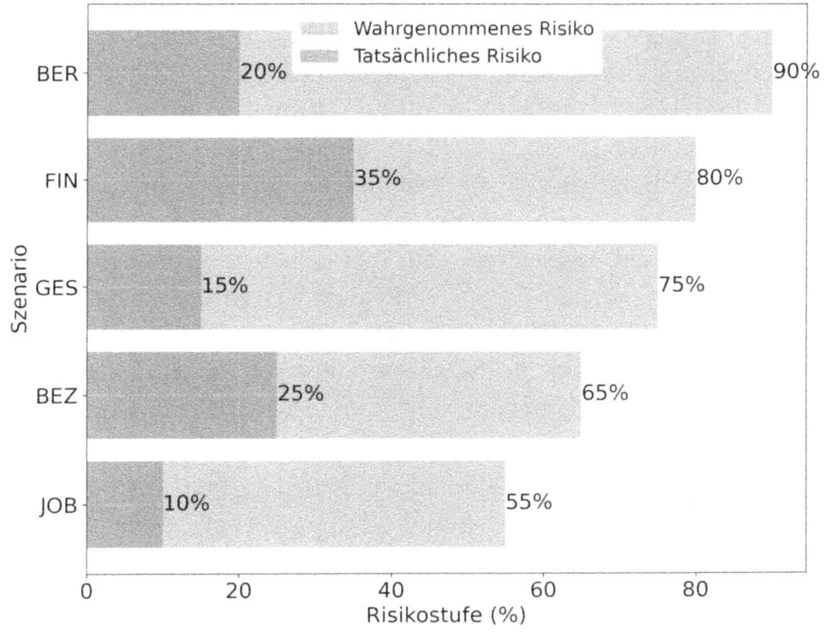

BER: Berufliche Reden

FIN: Finanzielle Schwierigkeiten

JOB: Arbeitsplatzsicherheit

BEZ: Beziehungsprobleme

GES: Gesundheitliche Probleme

Dieses Diagramm verdeutlicht die Diskrepanz zwischen wahrgenommenen und tatsächlichen Risiken für verschiedene angstauslösende Situationen. Im Allgemeinen ist das wahrgenommene Risiko deutlich höher als das tatsächliche Risiko, was eine Tendenz zur Überschätzung der Wahrscheinlichkeit negativer Ergebnisse zeigt. Diese Visualisierung unterstreicht, wie wichtig es ist, ängstliche Gedanken zu hinterfragen und Sorgen in der Realität zu verankern.

Selbstgespräche zur Angstbewältigung

Selbstgespräche zur Angstbewältigung bieten eine wirksame Methode, Ängste zu kontrollieren und zu reduzieren. Indem man lernt, seine inneren Dialoge bewusst zu steuern, kann man negative Gedankenmuster durchbrechen und positive, stärkende Botschaften etablieren [s37]. Anstatt sich von Ängsten überwältigen zu lassen, kann man durch gezielte Selbstgespräche ein Gefühl von Handlungsfähigkeit und Selbstwirksamkeit entwickeln, gerade in Situationen, die als unkontrollierbar empfunden werden [s4]. Das bewusste Fokussieren auf persönliche Stärken und Ressourcen sowie das Umformulieren negativer Selbstbewertungen trägt dazu bei, das Selbstvertrauen zu stärken und Ängsten entgegenzuwirken [s37]. Selbstgespräche können etwa eingesetzt werden, um sich in angstauslösenden Situationen Mut zuzusprechen, sich an vergangene Erfolge zu erinnern oder die Situation realistisch einzuschätzen, indem man die tatsächlichen Gefahren von den eigenen Befürchtungen trennt. Dieses gezielte Steuern des inneren Dialogs unterstützt die Entwicklung

von Bewältigungsstrategien und fördert die Selbstregulation [s4]. Ähnlich wie in der kognitiven_verhaltenstherapie, wo negative automatische Gedanken identifiziert und hinterfragt werden, können Selbstgespräche dazu dienen, dysfunktionale Denkmuster zu erkennen und durch hilfreichere Gedanken zu ersetzen [s38]. So kann man etwa den Gedanken „Ich schaffe das nicht“ durch „Ich habe schon ähnliche Situationen gemeistert und kann auch diese bewältigen“ ersetzen. Durch die Integration positiver Selbstgespräche in den Alltag kann man die eigene Widerstandsfähigkeit gegenüber Ängsten stärken und ein größeres Gefühl von Kontrolle über die eigenen Emotionen und Reaktionen erlangen.

Gut zu wissen

Dysfunktionale Denkmuster

Dysfunktionale Denkmuster sind negative, unrealistische oder übertriebene Gedanken, die Angstzustände verstärken und die Lebensqualität beeinträchtigen können. Beispiele hierfür sind Katastrophisieren (das Schlimmste erwarten), Schwarz-Weiß-Denken (alles oder nichts) oder Überverallgemeinerung (von einem negativen Ereignis auf alle ähnlichen Situationen schließen).

Selbstwirksamkeit

Selbstwirksamkeit beschreibt die Überzeugung einer Person, schwierige Situationen und Herausforderungen aus eigener Kraft erfolgreich bewältigen zu können. Im Kontext der Angstbewältigung spielt Selbstwirksamkeit eine entscheidende Rolle, da sie die Motivation stärkt, sich den Ängsten zu stellen und aktiv an der Überwindung zu arbeiten.

Effektive Selbstgesprächstechniken für das Angstmanagement

Verteilung effektiver Selbstgesprächstechniken zur Bewältigung von Angstzuständen.

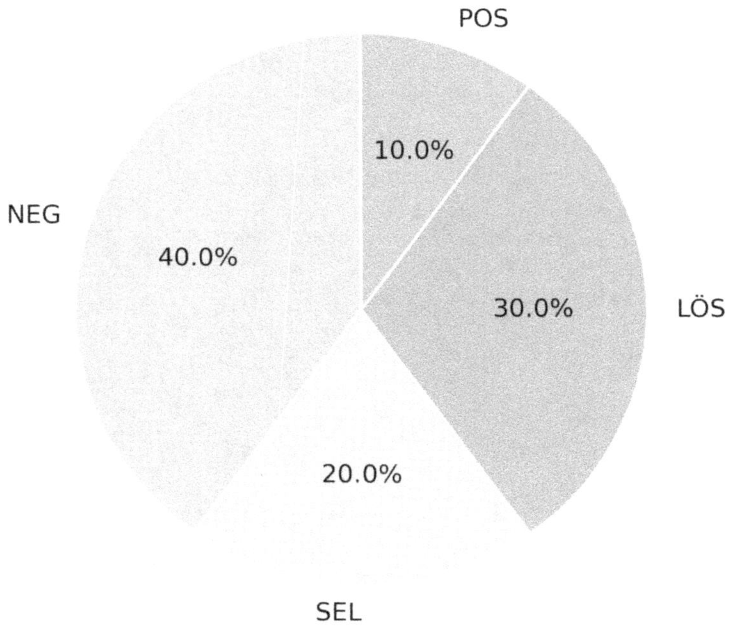

LÖS: Lösungsorientiertes Denken
POS: Positive Selbstgespräche & Affirmationen
NEG: Negative Gedanken hinterfragen
SEL: Selbstmitgefühl & Akzeptanz

Die Daten unterstreichen die Bedeutung eines vielschichtigen Ansatzes für Selbstgespräche im Angstmanagement. Das Hinterfragen negativer Gedanken ist entscheidend und stellt den größten Teil dar. Die Konzentration auf Lösungen und die Praxis des Selbstmitgefühls sind jedoch ebenfalls wichtige Komponenten, was darauf hindeutet, dass ein ausgewogener Ansatz, der sowohl die kognitiven als auch die emotionalen Aspekte von Angstzuständen berücksichtigt, am effektivsten ist.

Konkrete Ratschläge

- Stellen Sie sich Ihre Angst als Energie vor, die Sie transformieren können: Lenken Sie diese Energie in eine körperliche Aktivität wie Tanzen oder Malen.
- Entwickeln Sie einen inneren Dialog mit Ihrer Angst: Fragen Sie sie, was sie Ihnen sagen möchte und welche Bedürfnisse dahinterstecken.
- Betrachten Sie Ihre Gedanken als vorbeiziehende Wolken: Beobachten Sie sie, ohne sich in ihnen zu verlieren.
- Schaffen Sie sich gedanklich einen Ruhepol: Visualisieren Sie einen Ort, an dem Sie sich sicher und geborgen fühlen und kehren Sie in Gedanken immer wieder dorthin zurück.
- Üben Sie sich in gedanklicher Flexibilität: Stellen Sie sich verschiedene Szenarien vor, auch positive und überlegen Sie, wie Sie in jeder Situation reagieren könnten.
- Entwickeln Sie ein inneres Mantra: Wiederholen Sie in Gedanken einen positiven Satz, der Ihnen Kraft gibt, z.B. "Ich bin stark und kann das schaffen".
- Spielen Sie in Gedanken "Gedanken-Tetris": Ordnen Sie Ihre Ängste und Sorgen neu, um ihnen die Bedrohlichkeit zu nehmen.
- Verwandeln Sie Ihre negativen Gedanken in humorvolle Bilder oder Geschichten: Lachen Sie über die Absurdität Ihrer Ängste.
- Stellen Sie sich vor, Sie hätten einen magischen Knopf, der Ihre Angst ausschaltet: Visualisieren Sie, wie Sie den Knopf drücken und die Angst verschwindet.
- Sehen Sie Ihre Angst als Herausforderung, die Sie meistern können: Konzentrieren Sie sich auf Ihre Fähigkeiten und bisherigen Erfolge.

2. 3 Alltagsroutinen zur Angstreduktion

Alltagsroutinen spielen eine entscheidende Rolle bei der Bewältigung von Ängsten. Strukturierte Tagesabläufe, eine gesunde Schlafhygiene und eine ausgewogene Ernährung können dazu beitragen, Angstsymptome zu reduzieren und das psychische Wohlbefinden zu steigern. Diese scheinbar kleinen Veränderungen im Alltag können jedoch große Auswirkungen auf die emotionale Stabilität und die Fähigkeit zur Stressbewältigung haben. Der Einfluss von Alltagsroutinen auf die psychische Gesundheit ist wissenschaftlich belegt und bietet konkrete Ansatzpunkte für die Selbsthilfe. Störungen im gewohnten Tagesablauf, Schlafmangel oder eine ungesunde Ernährung können Ängste verstärken und das Risiko für psychische Erkrankungen erhöhen. Entdecken Sie im Folgenden, wie Sie durch die Integration einfacher, aber wirksamer Routinen Ihre Ängste nachhaltig reduzieren und Ihre Lebensqualität verbessern können.

Regelmäßige Routinen in Bereichen wie Schlaf, Ernährung und Tagesablauf stärken die psychische Widerstandsfähigkeit und reduzieren Ängste, indem sie Vorhersehbarkeit und Sicherheit schaffen.

Strukturierte Tagesabläufe gegen diffuse Ängste

Strukturierte Tagesabläufe bieten gerade bei diffusen Ängsten einen hilfreichen Anker. Regelmäßige Abläufe fördern die psychische Gesundheit und wirken sich positiv auf die Selbstwirksamkeit und die Fähigkeit zur Sinnstiftung aus [s39]. Gerade in Krisenzeiten, in denen Unsicherheit und Stress erhöht sind, tragen stabile Routinen maßgeblich zur psychischen Anpassung bei und mildern die negativen Auswirkungen von Stressoren [s39]. Störungen im gewohnten Tagesablauf hingegen erhöhen das Risiko für anhaltende psychische Symptome wie Angstzustände und Depressionen. Die bewusste Gestaltung des Tagesablaufs mit festen Zeiten für - unter anderem - Aufwachen, Essen und Schlafen schafft Vorhersehbarkeit und reduziert somit Unsicherheit, die Ängste verstärken kann. Dies gilt nicht nur für Erwachsene, sondern auch für Kinder und Jugendliche. Der Wegfall gewohnter Strukturen, wie der Besuch von Schule oder Kindergarten, kann bei Kindern zu erhöhtem Stress und Angst führen [s40]. Eltern können dem entgegenwirken, indem sie feste Routinen im Familienalltag etablieren, die gemeinsame Aktivitäten, wie kreative Beschäftigungen oder Spiele, beinhalten [s40]. So können Kinder in einem sicheren Rahmen ihre Ängste reduzieren und emotionale Stabilität gewinnen. Auch bei Autismus zeigt sich, wie wichtig Struktur und Vorhersehbarkeit im Alltag sind [s41]. Autistische

Kinder reagieren auf Unsicherheiten oft mit sich wiederholenden Verhaltensweisen oder Fragen, was auf ein starkes Bedürfnis nach klaren Routinen hindeutet [s41]. Feste Abläufe geben ihnen Sicherheit und helfen, Angst zu reduzieren. Eltern autistischer Kinder passen oft Familienroutinen an, um der Angst ihrer Kinder entgegenzuwirken, was die Bedeutung strukturierter Umgebungen für den Umgang mit Unsicherheit und Angst unterstreicht [s41]. Die bewusste Integration von Routinen im Alltag kann somit als präventive Maßnahme zur Verbesserung der psychischen Gesundheit betrachtet werden und bietet einen Ansatzpunkt für Interventionen [s39].

Depression [i13]

Gut zu wissen

Diffuse Ängste

Diffuse Ängste sind Ängste, die nicht auf ein bestimmtes Objekt oder eine bestimmte Situation gerichtet sind, sondern sich eher als ein allgemeines Gefühl von Unsicherheit und Bedrohung äußern. Routinen können helfen, diese Ängste zu bewältigen, indem sie Struktur und Vorhersehbarkeit im Alltag schaffen.

Psychische Gesundheit

Psychische Gesundheit ist ein Zustand des Wohlbefindens, in dem eine Person ihre Fähigkeiten ausschöpfen, die normalen Lebensbelastungen bewältigen, produktiv arbeiten und einen Beitrag zu ihrer Gemeinschaft leisten kann. Routinen können die psychische Gesundheit fördern, indem sie Stress reduzieren und ein Gefühl von Stabilität und Kontrolle vermitteln.

Psychische Symptome

Psychische Symptome sind Anzeichen einer psychischen Belastung oder Erkrankung. Beispiele hierfür sind Angstzustände, Depressionen, Schlafstörungen oder Konzentrationsschwierigkeiten. Störungen im gewohnten Tagesablauf können das Risiko für anhaltende psychische Symptome erhöhen.

Effektivität täglicher Routinen zur Angstbewältigung

Auswirkung von Routinen auf das Angstniveau

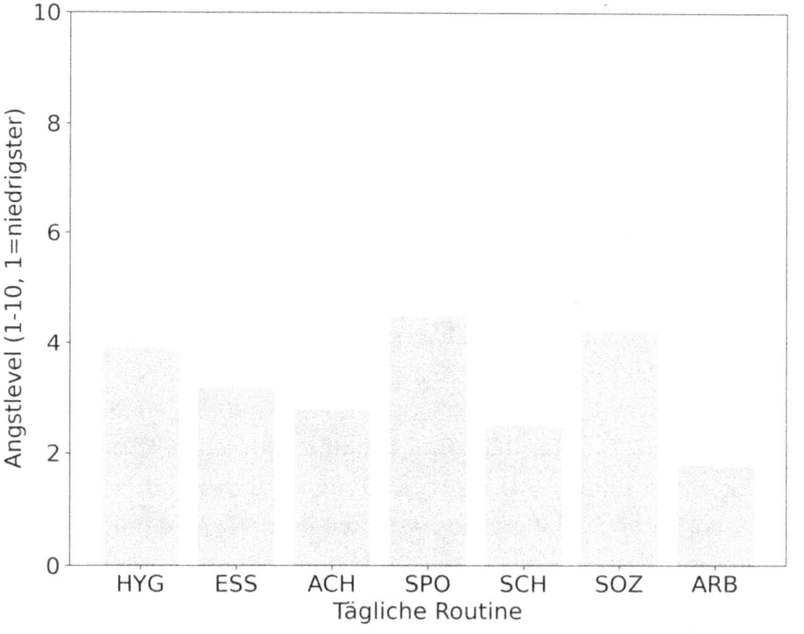

ACH: Achtsamkeitsübungen

ARB: Strukturiertes Arbeiten/Studieren

ESS: Regelmäßige Essenszeiten

HYG: Routine für die persönliche Hygiene

SCH: Regelmäßiger Schlafrhythmus

SOZ: Soziale Interaktion

SPO: Körperliche Aktivität

Die Daten deuten darauf hin, dass die Einrichtung konsistenter Schlafzeiten, regelmäßiger Essenszeiten und die Einbeziehung von Achtsamkeitsübungen erheblich zu niedrigeren Angstwerten beitragen. Während soziale Interaktion und körperliche Aktivität ebenfalls positive Auswirkungen zeigen, erscheint deren Einfluss weniger ausgeprägt. Die Aufrechterhaltung einer strukturierten Arbeits-/Studienroutine scheint der wichtigste Faktor für eine effektive Angstbewältigung zu sein. Dies unterstreicht die Bedeutung eines ganzheitlichen Ansatzes, der verschiedene Routinen für optimale Ergebnisse kombiniert.

Schlafhygiene zur Verminderung von Angstsymptomen

Ein gesunder Schlaf ist eng mit dem psychischen Wohlbefinden verknüpft und kann maßgeblich zur Reduktion von Angst beitragen. Schlafhygiene, also die Gesamtheit der Gewohnheiten und Bedingungen rund um den Schlaf, bietet hier konkrete Ansatzpunkte. Zentrale Elemente der Schlafhygiene sind die Regulierung des Schlaf-Wach-Rhythmus und die Gestaltung der Schlafumgebung. Ein regelmäßiger Schlafrhythmus, mit festen Zeiten zum Zubettgehen und Aufstehen – auch am Wochenende –, synchronisiert die innere Uhr und fördert so einen erholsameren Schlaf, der wiederum Angstsymptomen entgegenwirken kann [s42]. Die Schlafumgebung sollte möglichst ruhig, dunkel und kühl sein. Etwa kann das Abdunkeln des Schlafzimmers oder das Verwenden von Ohrstöpseln die Schlafqualität verbessern und so indirekt Ängste mindern [s43]. Darüber hinaus beeinflussen auch Ernährung und Verhalten den Schlaf. Alkohol, Koffein und Nikotin sollten einige Stunden vor dem Schlafengehen vermieden werden, da sie den Schlaf negativ beeinflussen können [s43]. Entspannungstechniken wie Meditation oder autogenes Training am Abend können helfen, zur Ruhe zu kommen und so den Schlaf zu fördern. Die kognitive Verhaltenstherapie für Insomnie bietet darüber hinaus Strategien, die die natürliche Schlafmechanik des Körpers unterstützen und so die Schlafqualität verbessern, was sich positiv auf Angstsymptome auswirken kann [s44]. Studien zeigen, dass Schlafhygiene-Interventionen die Schlafqualität verbessern und gleichzeitig Angstsymptome reduzieren können [s45]. Diese positive Korrelation unterstreicht die Bedeutung von gesundem Schlaf für das psychische Wohlbefinden. Die Verbesserung des Schlafs durch Schlafhygiene kann unbewusste physiologische Veränderungen bewirken, die sich positiv auf emotionale Prozesse, wie die Verarbeitung von Angst, auswirken [s46].

Ohrstöpsel [i14]

Gut zu wissen

Kognitive Verhaltenstherapie für Insomnie

Eine Therapieform, die speziell auf Schlafstörungen abzielt. Sie kombiniert Techniken zur Veränderung von Gedankenmustern und Verhaltensweisen, die Schlafschwierigkeiten verursachen oder verstärken. Durch die Verbesserung der Schlafqualität kann sie auch Angstsymptome reduzieren.

Schlaf-Wach-Rhythmus

Der Schlaf-Wach-Rhythmus ist ein natürlicher, innerer Prozess, der den Schlaf- und Wachzustand des Körpers reguliert. Ein stabiler Schlaf-Wach-Rhythmus ist wichtig für die körperliche und geistige Gesundheit und kann dazu beitragen, Angstzustände zu reduzieren.

Unbewusste physiologische Veränderungen

Körperliche Veränderungen, die im Körper ablaufen, ohne dass wir sie bewusst wahrnehmen. Im Kontext von Schlaf und Angst können diese Veränderungen durch eine verbesserte Schlafhygiene ausgelöst werden und zu einer Reduktion von Angstsymptomen führen, z.B. durch die Regulierung von Hormonen und Neurotransmittern.

Zusammenhang zwischen Schlafqualität und Angstniveau

Veranschaulicht den umgekehrten Zusammenhang zwischen Schlafqualität und Angstsymptomen.

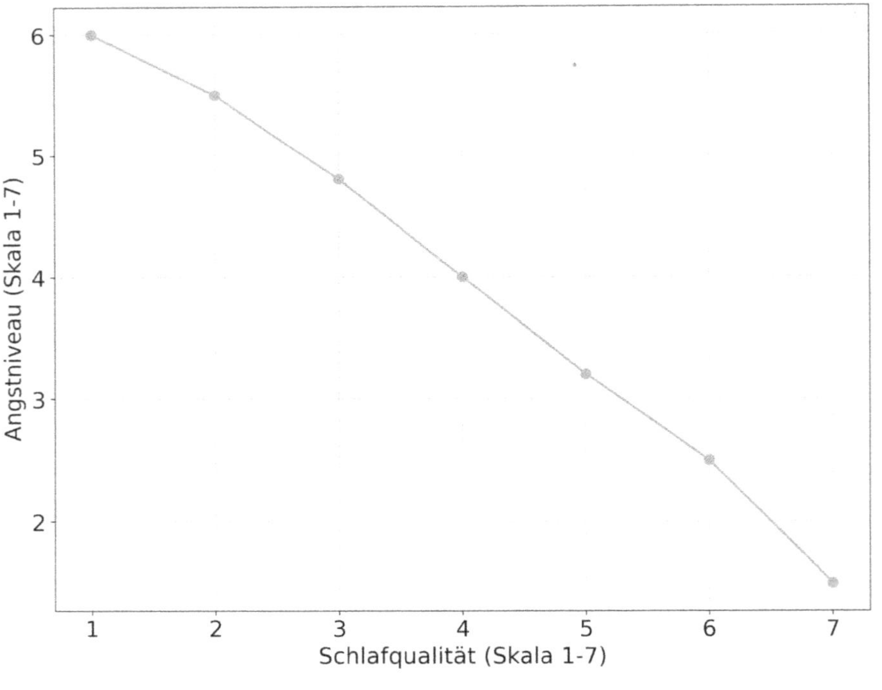

Die Daten legen eine starke negative Korrelation zwischen Schlafqualität und Angstniveau nahe. Mit zunehmender Schlafqualität (höhere Werte) nehmen die berichteten Angstsymptome ab. Dies unterstreicht die Bedeutung einer guten Schlafhygiene für den Umgang mit Angstzuständen.

Ernährungsaspekte bei chronischen Angstzuständen

ie Ernährung kann das psychische Wohlbefinden beeinflussen und spielt daher auch bei chronischen Angstzuständen eine Rolle. Studien zeigen einen Zusammenhang zwischen entzündungsfördernden Ernährungsgewohnheiten und einem erhöhten Risiko für Angststörungen [s47]. Eine Ernährung mit vielen verarbeiteten Lebensmitteln, raffiniertem Getreide, zuckerhaltigen Produkten und Alkohol – wie sie für die westliche Ernährungsweise typisch ist – kann Angstsymptome verstärken [s48]. Umgekehrt kann eine Ernährung, die reich an Gemüse, Obst, Vollkornprodukten, Fisch und Fleisch ist, wie sie in traditionellen Ernährungsweisen üblich ist, das Risiko für Angstzustände senken [s48]. Der entzündungshemmende Effekt dieser Lebensmittel trägt vermutlich zu diesem positiven Zusammenhang bei [s47].

Gemüse [i15]

Obst [i16]

Interessanterweise scheinen Frauen empfindlicher auf entzündungsfördernde Ernährung zu reagieren und ein höheres Risiko für Angstzustände zu entwickeln [s47]. Eine bewusste Ernährungsumstellung kann daher ein wichtiger Baustein im Umgang mit chronischen Angstzuständen sein. Wer seinen Speiseplan um frisches Gemüse, Obst und Vollkornprodukte bereichert und gleichzeitig den Konsum von stark verarbeiteten Lebensmitteln reduziert, unterstützt nicht nur seine körperliche, sondern auch seine psychische Gesundheit. Schon kleine Veränderungen im Ernährungsverhalten können positive Effekte auf das Wohlbefinden haben.

Gut zu wissen

Chronische Angstzustände

Anhaltender Zustand von Angst und Besorgnis, der über einen längeren Zeitraum besteht und verschiedene Bereiche des Lebens beeinträchtigen kann. Im Zusammenhang mit Ernährung können chronische Angstzustände durch entzündungsfördernde Lebensmittel verstärkt werden, während eine gesunde Ernährung dazu beitragen kann, die Symptome zu lindern.

Entzündungsfördernd

Entzündungsfördernde Substanzen in Lebensmitteln können das Risiko für chronische Angstzustände erhöhen. Sie tragen zu Entzündungsprozessen im Körper bei, die wiederum das Gehirn beeinflussen und Angstsymptome verstärken können. Verarbeitete Lebensmittel, Zucker und Alkohol sind Beispiele für entzündungsfördernde Nahrungsmittel.

Raffiniertes Getreide

Getreideprodukte, bei denen die äußeren Schichten (Kleie und Keim) entfernt wurden. Dadurch gehen wichtige Nährstoffe und Ballaststoffe verloren. Raffiniertes Getreide kann zu Blutzuckerschwankungen führen, die Angstsymptome verstärken können.

Angstlösende Lebensmittel

Lebensmittelgruppen zur Unterstützung der Angstreduktion.

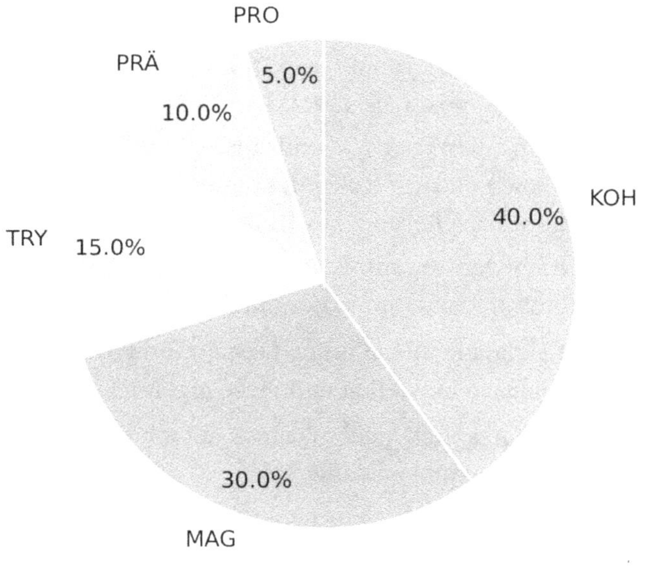

KOH: Komplexe Kohlenhydrate (Vollkornprodukte, Hafer)

MAG: Magnesiumreiche Lebensmittel (grünes Blattgemüse, Nüsse)

PRÄ: Präbiotische Lebensmittel (Zwiebeln, Knoblauch)

PRO: Probiotische Lebensmittel (Joghurt, Kefir)

TRY: Tryptophan-Quellen (Truthahn, Eier)

Komplexe Kohlenhydrate und Lebensmittel, die reich an Magnesium und Tryptophan sind, haben den größten Anteil und unterstreichen ihre Bedeutung für den Umgang mit Angstzuständen. Während Präbiotika und Probiotika eine geringere Rolle spielen, deutet ihr Beitrag darauf hin, dass die Darmgesundheit ein wichtiger Faktor ist. Ein ausgewogenes Verhältnis dieser Lebensmittelgruppen in der Ernährung kann zum allgemeinen Wohlbefinden und zur Verringerung von Angstzuständen beitragen.

Konkrete Ratschläge

- Verbinden Sie Ihren Arbeitsweg mit einem kurzen Achtsamkeitstraining, indem Sie bewusst Ihre Schritte, Ihre Atmung oder die Umgebung wahrnehmen.
- Integrieren Sie kleine Genussmomente in Ihren Alltag, wie eine Tasse Tee in Ruhe genießen oder Ihrer Lieblingsmusik lauschen.
- Begrüßen Sie jeden Morgen mit einem Lächeln im Spiegel und formulieren Sie ein positives Tagesziel.
- Richten Sie sich einen festen Abendritual ein, der Ihnen hilft, den Tag abzuschließen und zur Ruhe zu kommen, zum Beispiel ein warmes Bad oder das Lesen eines Buches.
- Verbringen Sie jeden Tag mindestens 15 Minuten im Freien, egal bei welchem Wetter und atmen Sie tief durch.
- Schaffen Sie sich eine kleine grüne Oase in Ihrer Wohnung, indem Sie Zimmerpflanzen aufstellen und diese regelmäßig pflegen.
- Bewegen Sie sich täglich, auch wenn es nur ein kurzer Spaziergang oder ein paar Dehnübungen sind.
- Entwickeln Sie eine persönliche Morgenroutine, die Ihnen hilft, positiv und energiegeladen in den Tag zu starten.
- Planen Sie regelmäßig kleine Auszeiten in Ihrem Alltag ein, in denen Sie nichts tun müssen und einfach nur entspannen.
- Lernen Sie eine neue Fertigkeit, die Ihnen Freude bereitet und Ihr Selbstvertrauen stärkt, zum Beispiel Kochen, Malen oder ein Instrument spielen.
- Pflegen Sie soziale Kontakte und verbringen Sie Zeit mit Menschen, die Ihnen guttun.
- Reflektieren Sie am Abend Ihren Tag und notieren Sie drei Dinge, für die Sie dankbar sind.

Rückblick - 2. Selbsthilfestrategien bei Ängsten

Ängste können den Alltag stark beeinträchtigen, doch es gibt wirksame Selbsthilfestrategien, mit denen Sie Ihre Ängste aktiv bewältigen können. Ein zentraler Ansatzpunkt ist die bewusste Steuerung Ihrer Atmung. Tiefes, langsames Atmen, insbesondere die Zwerchfellatmung, kann Ihnen helfen, in akuten Angstsituationen Ruhe zu finden. Konzentrieren Sie sich dabei ganz auf Ihren Atem und spüren Sie, wie sich Ihr Bauch beim Einatmen hebt und beim Ausatmen senkt. Integrieren Sie kurze Atemübungen regelmäßig in Ihren Alltag, um Ihre Stressresistenz zu stärken und Ihre Fähigkeit zur emotionalen Regulation zu verbessern. Auch die Körper-Scan-Übung, bei der Sie Ihre Aufmerksamkeit nacheinander auf verschiedene Körperbereiche lenken, kann Ihnen helfen, Anspannungen wahrzunehmen und loszulassen. Experimentieren Sie mit verschiedenen Atemtechniken und finden Sie heraus, welche Methode für Sie am besten funktioniert. Seien Sie geduldig mit sich selbst und erwarten Sie nicht sofort perfekte Ergebnisse. Mit regelmäßigem Üben werden Sie feststellen, wie sich Ihre Fähigkeit zur Selbstberuhigung verbessert.

Neben der Atmung spielt auch die körperliche Entspannung eine wichtige Rolle bei der Angstbewältigung. Die Progressive Muskelentspannung (PMR) bietet Ihnen eine effektive Methode, um muskuläre Verspannungen, die oft mit Angst einhergehen, gezielt zu lösen. Durch das bewusste Anspannen und Entspannen verschiedener Muskelgruppen schärfen Sie Ihr Körperbewusstsein und lernen, erste Anzeichen von Anspannung frühzeitig zu erkennen. Beginnen Sie mit einer Muskelgruppe, z.B. Ihrer Hand und spüren Sie den Unterschied zwischen Anspannung und Entspannung. Weiten Sie die Übung nach und nach auf andere Körperbereiche aus. PMR lässt sich gut in Ihren Alltag integrieren und kann Ihnen helfen, in stressigen Situationen gelassener zu reagieren. Kombinieren Sie PMR mit Atemübungen, um die entspannende Wirkung zu verstärken.

Darüber hinaus kann regelmäßige körperliche Aktivität Ihre Angstsymptome deutlich reduzieren. Finden Sie eine Sportart, die Ihnen Spaß macht und integrieren Sie Bewegungseinheiten in Ihren Alltag. Schon ein kurzer Spaziergang an der frischen Luft kann Ihr Wohlbefinden steigern und Ihre Stimmung aufhellen. Auch Yoga und Achtsamkeitsmeditation bieten Ihnen wertvolle Werkzeuge zur Angstbewältigung. Yoga verbindet körperliche Übungen mit Achtsamkeitselementen und kann Ihnen helfen, sowohl körperliche als auch psychische Spannungen abzubauen. Achtsamkeitsmeditation schult Ihre Fähigkeit, im gegenwärtigen Moment zu verweilen, ohne Ihre Gedanken und Gefühle zu bewerten. Dies kann Ihnen helfen, angstvolle Gedankenspiralen zu durchbrechen und Ihre emotionale Regulation zu verbessern.

Die Integration von Struktur und Routinen in Ihren Tagesablauf, eine ausgewogene Ernährung und ausreichend Schlaf können ebenfalls einen positiven Einfluss auf Ihr Angstniveau haben. Feste Zeiten für Mahlzeiten, Schlaf und Erholung schaffen Vorhersehbarkeit und reduzieren Unsicherheit, die Ängste verstärken kann. Achten Sie auf eine ausgewogene Ernährung mit viel frischem Obst, Gemüse und Vollkornprodukten und vermeiden Sie stark verarbeitete Lebensmittel, Zucker und übermäßigen Alkoholkonsum. Eine gesunde Schlafhygiene mit einem regelmäßigen Schlaf-Wach-Rhythmus und einer optimalen Schlafumgebung trägt ebenfalls maßgeblich zu Ihrem psychischen Wohlbefinden bei. Schließlich können Sie durch positive Selbstgespräche Ihre Selbstwirksamkeit stärken und negative Gedankenmuster durchbrechen. Ermutigen Sie sich selbst, erinnern Sie sich an vergangene Erfolge und konzentrieren Sie sich auf Ihre Stärken. Die Umsetzung dieser Selbsthilfestrategien erfordert Zeit und Geduld. Seien Sie nachsichtig mit sich selbst, wenn es einmal nicht so gut klappt und feiern Sie Ihre Erfolge. Mit jedem Schritt, den Sie unternehmen, gewinnen Sie mehr Kontrolle über Ihre Ängste und verbessern Ihre Lebensqualität.

3. Ängste überwinden durch therapeutische Ansätze

Was wäre, wenn der Weg aus dem Labyrinth der Angst bereits kartiert ist und nur darauf wartet, von Ihnen beschritten zu werden? Die moderne Wissenschaft hat wirksame Werkzeuge entwickelt, die den Nebel der Furcht lichten und neue Perspektiven eröffnen können. Fachleute haben systematische Ansätze erforscht, die sowohl das Denken als auch körperliche Reaktionen positiv beeinflussen und nachweislich zu langfristigen Verbesserungen führen. Dieses Kapitel beleuchtet evidenzbasierte Methoden, die Ihnen helfen können, Ihre persönliche Strategie im Umgang mit Ängsten zu entwickeln. Entdecken Sie, wie therapeutische Ansätze den Schlüssel zu einem Leben bieten können, in dem Angst nicht mehr das letzte Wort hat.

3. 1 Kognitive Verhaltenstherapie bei Angst

Kognitive Verhaltenstherapie (KVT) bietet effektive Werkzeuge zur Bewältigung von Angststörungen. Sie adressiert negative Gedankenmuster und ungünstige Verhaltensweisen, die Ängste verstärken und den Alltag erschweren. KVT vermittelt Techniken, um diese Muster zu erkennen, zu hinterfragen und durch hilfreichere Strategien zu ersetzen. Die Konfrontation mit angstauslösenden Situationen spielt eine zentrale Rolle, ebenso wie die Veränderung der damit verbundenen Gedanken. Der Weg zur Überwindung von Ängsten erfordert Mut und Engagement, doch KVT bietet einen strukturierten und bewährten Ansatz für nachhaltige Veränderung. Lesen Sie weiter, um die zentralen Methoden der KVT im Detail kennenzulernen und herauszufinden, wie Sie diese für sich nutzen können.

Langfristige Angstbewältigung gelingt nicht durch Vermeidung, sondern durch die schrittweise und kontrollierte Konfrontation mit den angstauslösenden Reizen.

Exposition als Kernmethode der Angstbewältigung

Exposition ist eine Kernmethode der Angstbewältigung in der Kognitiven Verhaltenstherapie. Sie basiert auf dem Prinzip, Angst durch wiederholte, kontrollierte Konfrontation mit angstauslösenden Stimuli abzubauen. [s3] vermeidungsverhalten, das die Angst kurzfristig reduziert, verstärkt sie langfristig. [s49] Exposition unterbricht diesen Kreislauf. Der Patient lernt, dass die befürchteten Konsequenzen nicht eintreten oder dass er sie bewältigen kann. So etwa lernt jemand mit Höhenangst durch wiederholtes Besteigen eines Turms, dass die Angst mit der Zeit nachlässt und er die Situation meistern kann. Die Exposition erfolgt schrittweise, beginnend mit weniger angstauslösenden Situationen. [s50] Eine Angsthierarchie, die vom Patienten gemeinsam mit dem Therapeuten erstellt wird, strukturiert diesen Prozess. [s50] Nach jeder Exposition reflektiert der Patient seine Erfahrungen und erkennt, dass die befürchteten Katastrophen ausbleiben. [s50] Es existieren verschiedene Arten von Exposition. *In-vivo*-Exposition bedeutet die direkte Konfrontation mit realen Situationen. [s51] *Imaginale* Exposition hingegen nutzt die Vorstellungskraft, um sich den angstauslösenden Reizen auszusetzen. [s52] *Interozeptive* Exposition fokussiert auf körperliche Empfindungen, die Angst auslösen, wie etwa Herzrasen oder Schwindel. [s52] Welche Form der Exposition geeignet ist, hängt von der individuellen Angststörung ab. Bei sozialer Angststörung kommt etwa *in-vivo*-Exposition zum Einsatz, um die Überbewertung negativer sozialer Interaktionen zu reduzieren. [s3] Bei generalisierter Angststörung hingegen wird häufig *imaginale* Exposition verwendet, um katastrophale Gedanken zu bearbeiten. [s3] Die Wirksamkeit der Exposition wurde in zahlreichen Studien belegt. [s50] [s52] Sie ist bei verschiedenen Angststörungen wirksam, etwa bei Zwangsstörungen, Panikstörungen, generalisierter Angststörung, sozialer Angststörung, spezifischen Phobien und posttraumatischer Belastungsstörung. [s52] Bei Zwangsstörungen wird Exposition mit Reaktionsverhinderung kombiniert. [s53] Hierbei konfrontiert der

Patient sich den angstauslösenden Gedanken und unterlässt gleichzeitig die Zwangshandlung. [s52] Dies hilft, die Verknüpfung zwischen Zwangsgedanken und -handlungen zu lösen. Die Reaktionsverhinderung fördert die Bildung neuer, nicht bedrohlicher Assoziationen. [s53] Exposition kann in verschiedenen Settings durchgeführt werden: ambulant, teilstationär und stationär. [s50] Auch in Gruppensettings kann Exposition wirksam sein, etwa bei sozialer Angststörung. [s54] Dies kann die Behandlung zeiteffizienter gestalten und den Austausch mit anderen Betroffenen ermöglichen. [s54] Die Kombination von Exposition mit anderen Therapiemethoden, wie der Schematherapie, kann die Behandlungsergebnisse zusätzlich verbessern, insbesondere bei Patienten mit komorbiden Persönlichkeitsstörungen. [s55] Hierbei werden die zugrundeliegenden maladaptiven Schemata, die zur Angst beitragen, bearbeitet. [s55] Der Behandlungserfolg hängt unter anderem von der Schwere der Symptome, der Motivation des Patienten und dem Vermeidungsverhalten ab. [s53] [s49] Eine hohe Adhärenz, also das konsequente Umsetzen der Expositionsübungen zwischen den Therapiesitzungen, ist entscheidend für den Erfolg der Therapie. [s49] Ablenkung während der Exposition oder wiederholte Beruhigung durch den Therapeuten können den Therapiefortschritt behindern. [s51] Sie verhindern die volle Konfrontation mit der Angst und verhindern somit, dass neue, korrigierende Erfahrungen gemacht werden können. [s51] Die Identifikation der zugrunde liegenden Kernangst ist wichtig, um die Therapie effektiver zu gestalten und Rückfälle zu vermeiden. [s51]

Angstreduktion über Expositionsdauer

Zeigt den allgemeinen Zusammenhang zwischen Expositionsdauer und Angstniveau.

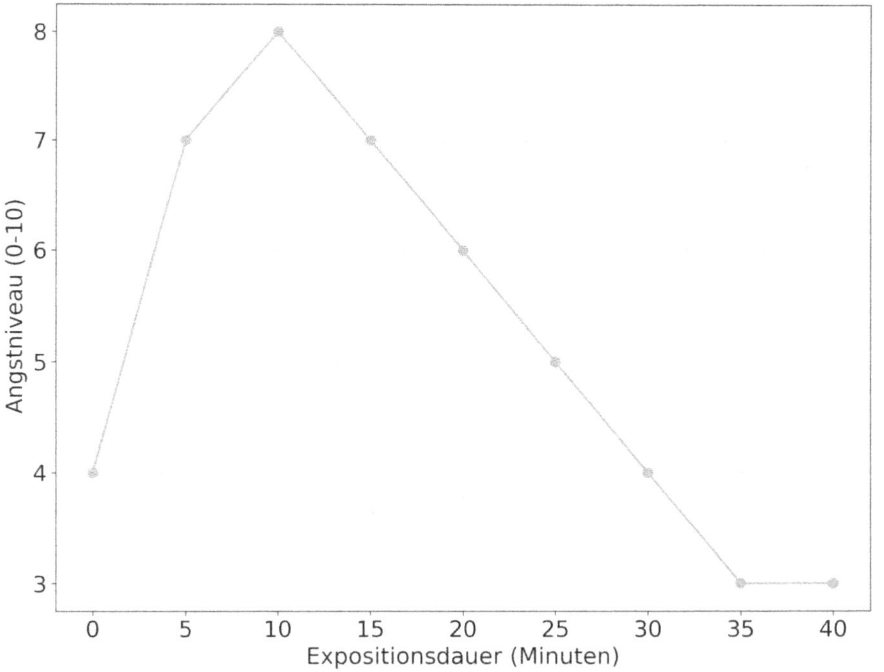

Das Diagramm veranschaulicht ein typisches Muster in der Expositionstherapie: Die anfängliche Angst steigt zu Beginn der Exposition, erreicht einen Höhepunkt und nimmt dann mit fortgesetzter Exposition allmählich ab. Dies zeigt den Gewöhnungsprozess, bei dem der verlängerte Kontakt mit dem gefürchteten Reiz zu einer Abnahme der Angstreaktion führt.

kognitive_umstrukturierung bei Angstgedanken

Stressbewältigung [i17]

Verhaltensmuster [i18]

Kognitive Umstrukturierung ist ein Verfahren, das darauf abzielt, angstbezogene Gedankenmuster zu identifizieren und zu verändern. Diese Muster, oft gekennzeichnet durch negative oder übertriebene Befürchtungen, tragen maßgeblich zur Aufrechterhaltung von Angststörungen bei. Anstatt diese Gedanken als Tatsachen zu akzeptieren, lernt der Patient, sie kritisch zu hinterfragen und alternative, realistischere Perspektiven zu entwickeln. Die kognitive Umstrukturierung hilft, Denkfehler aufzudecken, wie etwa das Schwarz-Weiß-Denken, bei dem Situationen nur in Extremen wahrgenommen werden, oder die Katastrophisierung, die das Eintreffen des schlimmstmöglichen Szenarios als wahrscheinlich annimmt. Ein Patient, der beispielsweise in sozialen Situationen starke Angst erlebt, könnte denken: „Wenn ich etwas Falsches sage, werden mich alle ablehnen." Durch die kognitive Umstrukturierung lernt er, diesen Gedanken zu hinterfragen: „Ist es wirklich wahrscheinlich, dass mich alle ablehnen, nur weil ich einen Fehler mache? Haben mich in der Vergangenheit tatsächlich alle abgelehnt, als mir ein Fehler unterlief?" Diese kritische Auseinandersetzung mit den eigenen Gedanken ermöglicht es, die Angst zu reduzieren und neue, hilfreichere Verhaltensweisen zu entwickeln [s38]. Der Prozess der kognitiven Umstrukturierung fördert ein ausgewogenes Denken, das die Fähigkeit zur Stressbewältigung verbessert und sogar psychosomatische Symptome lindern kann [s38]. Indem ungünstige Denk- und Verhaltensmuster, die eine Selbstkorrektur dieser fehlerhaften Annahmen verhindern, eliminiert werden, ermöglicht die kognitive Umstrukturierung dem Patienten, seine Angst aktiv zu bewältigen und seine Lebensqualität zu steigern [s38]. Die Methode unterstützt Patienten dabei, sich nicht von ihren Ängsten kontrollieren zu lassen, sondern selbst die Kontrolle über ihre Gedanken und Gefühle zurückzugewinnen.

Gut zu wissen

Angststörung

Eine Gruppe von psychischen Erkrankungen, die durch übermäßige Angst und Sorgen gekennzeichnet sind und das tägliche Leben beeinträchtigen können.

Katastrophisierung

Ein Denkfehler, bei dem man das Eintreffen des schlimmstmöglichen Szenarios als sehr wahrscheinlich annimmt, obwohl es objektiv betrachtet unwahrscheinlich ist. Dies führt zu übertriebenen Ängsten und Sorgen.

Psychosomatisch

Bezeichnet körperliche Symptome, die durch psychische Faktoren wie Angst oder Stress ausgelöst oder verstärkt werden. Beispiele hierfür sind Kopfschmerzen, Magenbeschwerden oder Schlafstörungen.

Schwarz-Weiß-Denken

Ein Denkfehler, bei dem Situationen nur in Extremen, als entweder gut oder schlecht, wahrgenommen werden, ohne Grauzonen zu berücksichtigen. Dies kann Ängste verstärken, da negative Aspekte überbewertet werden.

Häufige dysfunktionale Denkmuster bei Angstzuständen

Verteilung häufiger dysfunktionaler Denkmuster, die zu Angstzuständen beitragen.

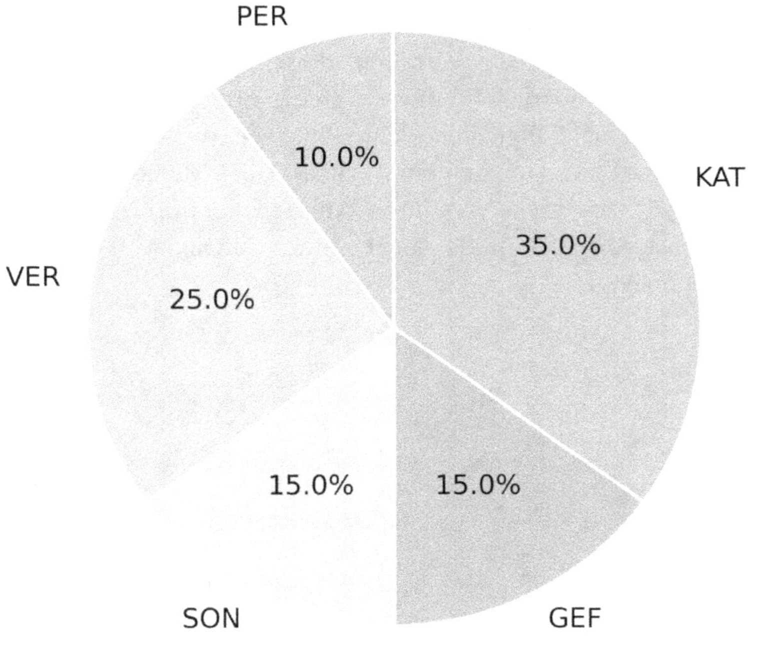

GEF: Geistiges Filtern

KAT: Katastrophisieren

PER: Personalisierung

SON: Sonstige dysfunktionale Gedanken

VER: Verallgemeinerung

Das Diagramm hebt Katastrophisieren als das häufigste dysfunktionale Denkmuster hervor, was auf eine Tendenz hindeutet, die Wahrscheinlichkeit und Schwere negativer Ergebnisse zu überschätzen. Verallgemeinerung spielt ebenfalls eine wichtige Rolle, was darauf hinweist, dass Einzelpersonen aus isolierten Vorfällen weitreichende negative Schlussfolgerungen ziehen können. Obwohl weniger dominant, tragen andere Muster wie mentales Filtern und Personalisierung immer noch zum gesamten Angsterleben bei, was die Bedeutung der Berücksichtigung einer Reihe kognitiver Verzerrungen in der Therapie unterstreicht.

Verhaltensexperimente zur Überwindung von Ängsten

Verhaltensexperimente bilden eine wertvolle Ergänzung zu den bereits besprochenen Expositionsmethoden und der kognitiven Umstrukturierung. Sie dienen dazu, dysfunktionale Annahmen und Befürchtungen direkt im Alltag zu überprüfen und neue, korrigierende Erfahrungen zu sammeln [s3] [s38]. Anstatt nur über die Angstauslöser zu sprechen oder sie sich vorzustellen, werden konkrete Handlungen geplant und durchgeführt, um die Gültigkeit der eigenen Befürchtungen empirisch zu testen [s3]. Diese aktive Herangehensweise ermöglicht es, Vermeidungs- und Sicherheitsstrategien zu überwinden, die eine natürliche Korrektur der Ängste verhindern [s38]. So kann jemand mit sozialer Angst, der befürchtet, bei einem Gespräch rot zu werden und ausgelacht zu werden, ein Verhaltensexperiment durchführen, indem er bewusst ein Gespräch mit einer Bekannten sucht und seine Reaktionen sowie die Reaktionen seines Gegenübers beobachtet. Ein anderes Beispiel wäre eine Person mit Höhenangst, die sich schrittweise an höhere Orte heranwagt, etwa zunächst eine kleine Leiter besteigt und später einen Aussichtsturm besucht, um zu erfahren, dass die befürchtete Katastrophe – ein Sturz – nicht eintritt. Dabei dokumentiert sie ihre Angst vor, während und nach der Übung, um die Veränderung ihrer Angstintensität zu beobachten. Durch das systematische Sammeln von

Daten im realen Leben können die ursprünglichen Befürchtungen relativiert und neue, realistischere Bewertungen etabliert werden [s3]. Verhaltensexperimente können in Kombination mit Online-CBT-Programmen durchgeführt werden, was die Flexibilität und Verfügbarkeit der Behandlung erhöht [s38]. Die systematische Desensibilisierung, eine Form des Verhaltensexperiments, unterstützt die Entwicklung positiver Assoziationen mit zuvor angstauslösenden stimuli [s56]. So lernt der Patient, dass die gefürchteten Konsequenzen ausbleiben oder dass er sie bewältigen kann, was zu einer nachhaltigen Angstreduktion beiträgt [s52].

Angst [i19]

Erfolgsraten von Verhaltensexperimenten

Erfolgsraten verschiedener Verhaltensexperimente bei Angstzuständen.

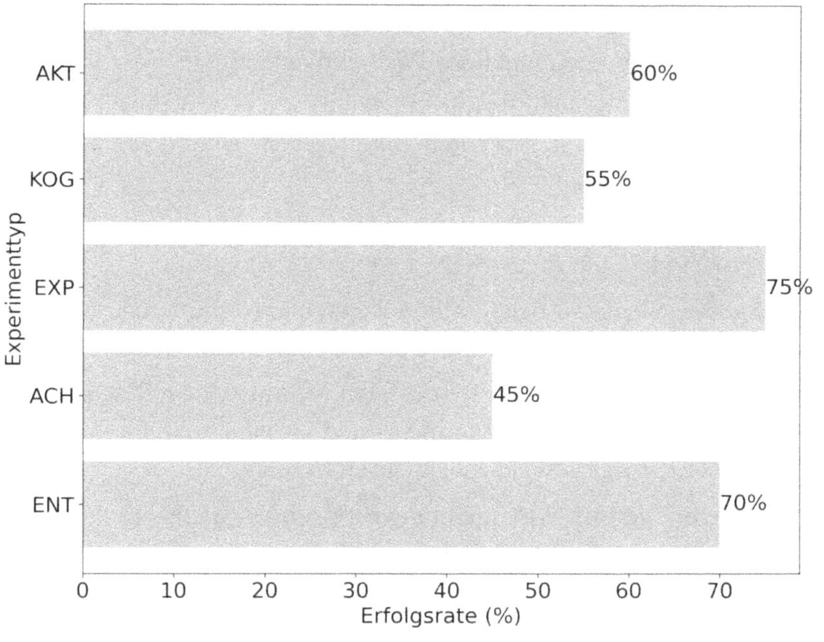

ACH: Achtsamkeit

ENT: Entspannungstech.

KOG: Kognitive Umstr.

AKT: Aktivitätsplan.

EXP: Expositionstherapie

Das Diagramm zeigt unterschiedliche Erfolgsraten bei verschiedenen Verhaltensexperimenten. Die Expositionstherapie weist den höchsten Erfolg auf, was auf ihre Wirksamkeit bei der Konfrontation mit angstauslösenden Situationen hindeutet. Während Entspannungstechniken einen mäßigen Erfolg zeigen, erscheint die kognitive Umstrukturierung weniger effektiv, was die Bedeutung maßgeschneiderter Ansätze für das Angstmanagement unterstreicht.

Konkrete Ratschläge

- Verknüpfen Sie jeden Schritt Ihrer Angsthierarchie mit einem konkreten Erfolgserlebnis aus Ihrer Vergangenheit.
- Entwerfen Sie eine "Angst-Landkarte": Zeichnen Sie Ihre Ängste, deren Auslöser und Ihre Bewältigungsstrategien visuell auf.
- Führen Sie Selbstgespräche mit Ihrer Angst wie mit einem Freund, dem Sie gut zureden und neue Perspektiven aufzeigen.
- Erstellen Sie eine Playlist mit Musik, die Sie in verschiedenen Angstphasen unterstützt: von beruhigender Musik bis hin zu motivierenden Klängen.
- Entwickeln Sie einen "Angst-Notfallkoffer" mit symbolischen Gegenständen, die Ihnen Sicherheit und Kraft geben.
- Schreiben Sie einen Brief an Ihre Angst und formulieren Sie darin Ihre Wünsche und Erwartungen an die gemeinsame Zukunft.
- Nutzen Sie die Technik des "mentalen Kontrasts": Stellen Sie sich zunächst das negative Szenario vor und visualisieren Sie anschließend das gewünschte positive Ergebnis.
- Trainieren Sie Ihre Wahrnehmung für positive Signale in angstauslösenden Situationen, um Ihre Aufmerksamkeit auf Ressourcen zu lenken.
- Entwickeln Sie einen "Angst-Kompass", der Ihnen hilft, Ihre Angst zu navigieren und den richtigen Weg zur Bewältigung zu finden.
- Feiern Sie jeden noch so kleinen Erfolg im Umgang mit Ihrer Angst, um positive Verstärkung zu schaffen und Ihre Motivation zu steigern.
- Sehen Sie Ihre Angst als ungeschliffenen Diamanten, der durch die Therapie zu einem strahlenden Juwel geschliffen werden kann.

3. 2 Achtsamkeitsbasierte Methoden

Achtsamkeitsbasierte Methoden bieten einen wirksamen Ansatz zur Bewältigung von Ängsten. Sie helfen, den Kreislauf negativer Gedanken und Sorgen zu durchbrechen, indem sie den Fokus auf den gegenwärtigen Moment lenken. Körperliche Angstsymptome, wie Herzrasen oder Schwindel, werden nicht bekämpft, sondern bewusst und wertfrei wahrgenommen. Durch die Schulung der Achtsamkeit lernen Betroffene, ihre Reaktionen auf Angst anders zu erleben und zu steuern. Achtsamkeitsübungen wie der Bodyscan oder die Meditation fördern die Akzeptanz von Angstsymptomen und stärken die emotionale Regulation. Entdecken Sie im Folgenden, wie Achtsamkeit Ihnen helfen kann, Ängste zu überwinden und Ihre Lebensqualität nachhaltig zu verbessern.

Angst lässt sich nicht besiegen, indem man sie bekämpft, sondern indem man sie akzeptiert und beobachtet, wie sie kommt und geht.

Meditation zur Angstlinderung für Erwachsene

Meditation bietet einen wirksamen Ansatz zur Angstlinderung bei Erwachsenen. Durch die Fokussierung auf den gegenwärtigen Moment hilft sie, den Kreislauf negativer Gedanken und Sorgen zu durchbrechen, die Angstzustände häufig begleiten [s26] [s35] [s57]. Achtsamkeitsbasierte Meditation, eine spezielle Form der Meditation, trainiert die bewusste Wahrnehmung von Gedanken, Gefühlen und Körperempfindungen, ohne diese zu bewerten [s26] [s58]. Dieser nicht-wertende Fokus auf das Hier und Jetzt reduziert die Tendenz, in Grübeleien über die Vergangenheit oder Zukunft zu verfallen, welche Ängste verstärken können [s59]. Statt gegen die Angst anzukämpfen, lernt man, sie zu akzeptieren und zu beobachten, ohne sich von ihr überwältigen zu lassen [s26] [s60]. Die Integration von Achtsamkeitsmeditation in den Alltag kann die emotionale Regulation verbessern und die Fähigkeit stärken, mit Stresssituationen umzugehen [s35] [s60]. Regelmäßiges Üben, z.B. täglich 10 Minuten, kann bereits positive Veränderungen bewirken. Durch die Schulung der Achtsamkeit gelingt es, die Aufmerksamkeit bewusst auf positive Aspekte zu lenken und so die allgemeine Lebensqualität zu verbessern [s58]. Achtsamkeitsbasierte Interventionen (MBIs) haben sich als wirksam erwiesen, um die Schwere von Angstsymptomen zu reduzieren und sind mit den Effekten der kognitiven_verhaltenstherapie vergleichbar [s26]. Die Praxis von Achtsamkeit fördert eine weniger reaktive Haltung gegenüber unangenehmen inneren Phänomenen, was zu positiven psychologischen Ergebnissen führt [s26]. MBIs übertreffen konsistent nicht evidenzbasierte Behandlungen und aktive Kontrollbedingungen [s26]. Meditation und Achtsamkeit können auch helfen, Stress und Depression zu bewältigen [s57]. Achtsamkeitsbasierte Stressreduktion (MBSR) kombiniert meditative Praktiken mit anderen Strategien zur Anwendung in stressreichen Situationen [s57]. Studien zeigen, dass Achtsamkeitsmeditation zur

Entspannung und Stressreduktion genutzt wird [s57]. Die Wirksamkeit von Achtsamkeitsinterventionen bei Angststörungen wurde in systematischen Übersichtsarbeiten untersucht [s57].

Achtsamkeitsbasierte Meditation [i20]

Wirksamkeit von Meditation zur Angstreduktion

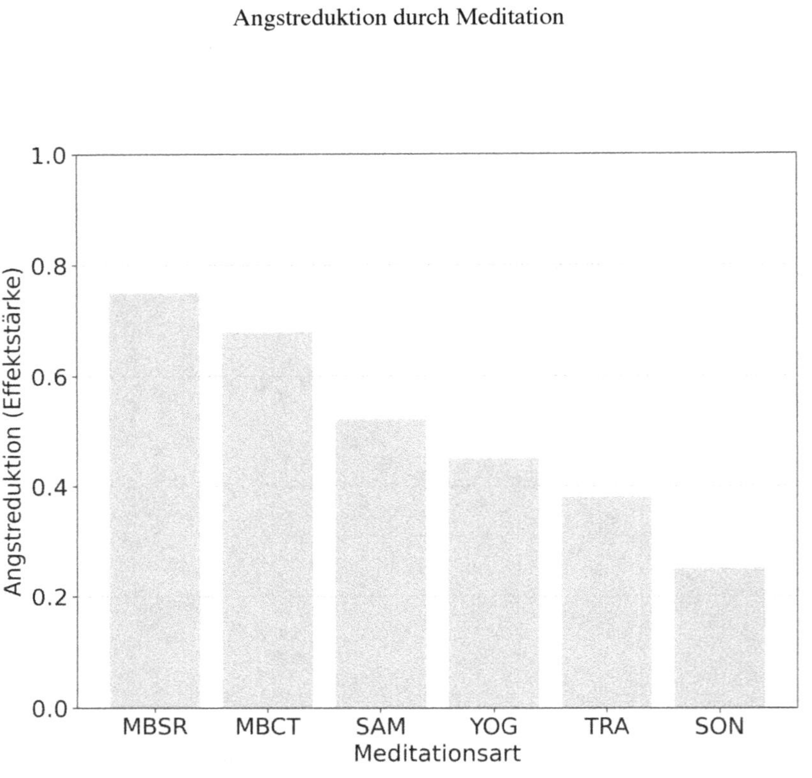

MBCT: Achtsamkeitsbasierte kognitive Therapie

SAM: Samatha-Vipassana

TRA: Transzendentale Meditation

MBSR: Achtsamkeitsbasierte Stressreduktion

SON: Sonstige Meditationspraktiken

YOG: Yoga und Meditation

Achtsamkeitsbasierte Interventionen zeigen die stärkste Wirkung auf die Angstreduktion, gefolgt von Samatha-Vipassana und dann Yoga. Obwohl alle Methoden einen gewissen Nutzen zeigen, legen die Daten nahe, dass Achtsamkeitspraktiken besonders hilfreich für die Behandlung von Angstsymptomen sein können. Weitere Forschung, die spezifische Techniken innerhalb dieser Kategorien untersucht, könnte wertvoll sein.

Bodyscan bei körperlichen Angstsymptomen

Der Bodyscan, eine Kernkomponente achtsamkeitsbasierter interventionen, bietet einen direkten Weg, körperlichen Angstsymptomen zu begegnen. Anstatt diese Empfindungen zu fürchten oder zu bekämpfen, lenkt der Bodyscan die Aufmerksamkeit sanft auf verschiedene Körperregionen. Dabei geht es darum, die im Körper vorhandenen Empfindungen – Kribbeln, Wärme, Druck oder Spannung – ohne Bewertung wahrzunehmen. Diese nicht-wertende Beobachtung hilft, die gewohnte Reaktionskette auf körperliche Angstsymptome zu unterbrechen. Anstatt in einen Strudel aus Sorgen und verstärkter Angst zu geraten, übt man, die Empfindungen einfach zu registrieren und vorüberziehen zu lassen. Diese veränderte Wahrnehmung kann die emotionale Regulation verbessern und das Stressniveau senken. [s26] So kann man beispielsweise beim Wahrnehmen von Herzrasen, welches oft mit Angst einhergeht, dieses nicht als bedrohliches Zeichen interpretieren, sondern als neutrale körperliche Empfindung betrachten – zu vergleichen mit dem Spüren des eigenen Atems. Achtsamkeitsbasierte Interventionen, die Bodyscan-Techniken beinhalten, fördern so die Akzeptanz körperlicher Empfindungen und tragen zu einem verbesserten psychischen Wohlbefinden bei. [s26] Durch regelmäßiges Üben des Bodyscans kann man lernen, Angstsymptome nicht mehr als überwältigend zu erleben, sondern als vorübergehende, körperliche Signale. Dieser Ansatz unterstützt die Entwicklung einer gelasseneren Haltung gegenüber Angst und fördert die Fähigkeit, in herausfordernden Situationen Ruhe zu bewahren.

Psychisches Wohlbefinden [i21]

Auswirkungen des Bodyscans auf Angstsymptome

Auswirkung der Bodyscan-Praxis auf die Intensität und Dauer von Angstsymptomen in verschiedenen Körperbereichen.

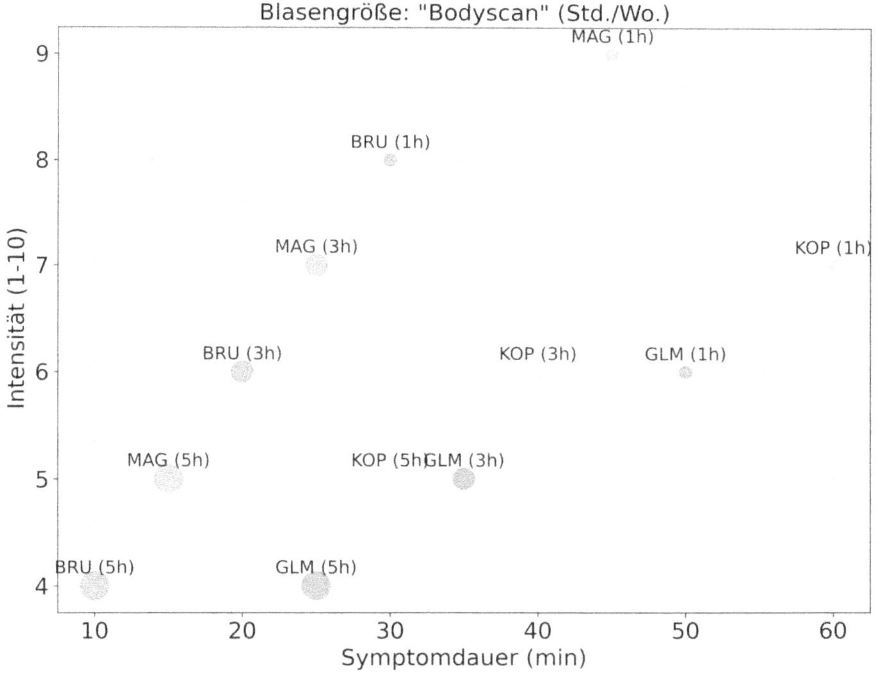

Blasengröße: Bodyscan (Std./Wo.)

BRU: Brust
GLM: Gliedmaßen
KOP: Kopf
MAG: Magen

Das Diagramm zeigt einen allgemeinen Trend zur Verringerung der Symptomintensität und -dauer mit zunehmender Bodyscan-Praxis. Brust- und Bauchbereich zeigen die deutlichste Verbesserung, was darauf hindeutet, dass diese Bereiche am meisten von der Praxis profitieren. Während Verbesserungen auch in anderen Bereichen wie Kopf und Gliedmaßen beobachtet werden, sind diese weniger ausgeprägt. Dies deutet darauf hin, dass der Bodyscan besonders wirksam bei Angstsymptomen ist, die sich als körperliche Anspannung im Rumpf manifestieren.

achtsamkeit im Umgang mit Panikattacken

Achtsamkeit hilft, Panikattacken anders zu erleben und zu bewältigen. Anstatt in den Strudel aus Angst und Panik zu geraten, fördert Achtsamkeit die Beobachtung der Symptome, ohne sie zu bewerten. Dieser Perspektivwechsel unterbricht die gewohnte Reaktionskette, die Panikattacken oft verschlimmert. Man lernt, die körperlichen Anzeichen – Herzrasen, Schwindel, Atemnot – als vorübergehende Empfindungen wahrzunehmen, statt sie als bedrohlich zu interpretieren. Ein pochender Herzschlag wird so nicht zum Signal drohender Gefahr, sondern zu einer neutralen Körperempfindung, ähnlich dem Spüren des Atems. Durch diese veränderte Wahrnehmung verringert sich die Intensität der Angst. Die Aufmerksamkeit richtet sich auf das Hier und Jetzt, weg von den katastrophisierenden Gedanken, die Panikattacken häufig begleiten. So kann während einer Panikattacke der Fokus auf einen neutralen Reiz gelenkt werden: die Wahrnehmung des Atems, das Fühlen der Füße auf dem Boden oder das Hören von Umgebungsgeräuschen. Diese Verankerung im gegenwärtigen Moment mindert die Überwältigung durch die Angst und stärkt das Gefühl von Kontrolle.

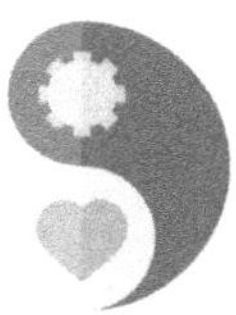

Die Integration von Achtsamkeit in die kognitive_verhaltenstherapie kann deren Effektivität bei der Behandlung von Angststörungen steigern, indem sie die Vermeidung angstauslösender Situationen reduziert. [s3] Regelmäßige Achtsamkeitspraxis führt zu langfristigen positiven Effekten. Studien belegen, dass die durch Achtsamkeitsinterventionen erreichten Verbesserungen, wie die Reduktion der Häufigkeit und Schwere von Panikattacken, über einen Zeitraum von drei Jahren aufrechterhalten werden können. [s61]

Achtsamkeitstechniken bei Panikattacken

Verteilung der Achtsamkeitstechniken zur Bewältigung von Panikattacken.

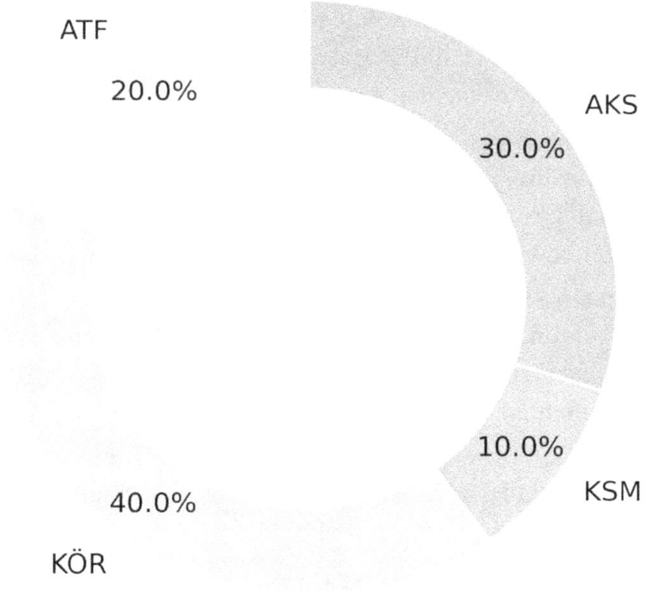

AKS: Achtsames Körper-Scannen
ATF: Atemtechniken
KÖR: Kontrollierte Atmung
KSM: Kindness-Selbst-Meditation

Die Visualisierung verdeutlicht die relative Bedeutung verschiedener Achtsamkeitstechniken bei der Bewältigung von Panikattacken. Atemübungen haben den größten Anteil und unterstreichen ihre entscheidende Rolle bei der Regulierung physiologischer Reaktionen während der Panik. Körper-Scan und achtsames Beobachten folgen und deuten auf ihre Wirksamkeit hin, Personen zu erden und das Bewusstsein für Körperempfindungen und Gedanken ohne Bewertung zu fördern. Weniger prominent, aber dennoch wichtig, trägt die liebende Güte-Meditation zum allgemeinen Wohlbefinden und Selbstmitgefühl bei, was dazu beitragen kann, die Häufigkeit und Intensität von Panikattacken zu reduzieren.

Konkrete Ratschläge

- Verbinden Sie Ihre Atmung mit einer Visualisierung: Stellen Sie sich beim Einatmen vor, wie Sie Ruhe und Kraft einatmen und beim Ausatmen, wie die Angst Ihren Körper verlässt.
- Wandern Sie achtsam durch die Natur und konzentrieren Sie sich dabei auf jedes Detail: das Rascheln der Blätter, den Duft der Erde, die Wärme der Sonne auf Ihrer Haut.
- Erschaffen Sie sich einen inneren sicheren Ort, den Sie jederzeit in Ihrer Vorstellung besuchen können, wenn Angst aufkommt. Füllen Sie diesen Ort mit Bildern, Düften und Klängen, die Ihnen Geborgenheit vermitteln.
- Entwickeln Sie ein achtsames Ritual für den Umgang mit wiederkehrenden Ängsten: Zünden Sie beispielsweise eine Kerze an und beobachten Sie die Flamme, während Sie Ihre Angst bewusst wahrnehmen und akzeptieren.
- Üben Sie sich in achtsamer Selbstberührung: Streichen Sie sanft über Ihre Arme und Hände und spüren Sie die Wärme und die Verbindung zu Ihrem Körper.
- Beobachten Sie Ihre Gedanken wie ein freundlicher Beobachter am Rande eines Flusses: Lassen Sie die Gedanken vorbeiziehen, ohne sich von ihnen mitreißen zu lassen.
- Verwandeln Sie Ihre Angst in eine kreative Herausforderung: Schreiben Sie ein Tagebuch über Ihre Ängste oder malen Sie Ihre Gefühle aus.
- Richten Sie Ihren Fokus auf den gegenwärtigen Moment, indem Sie Ihre Sinne aktivieren: Was sehen, hören, riechen, schmecken und fühlen Sie gerade?

3. 3 Medikamentöse Unterstützungsmöglichkeiten

Medikamentöse Unterstützung kann bei Angststörungen eine wichtige Rolle spielen, birgt aber auch Herausforderungen. Verschiedene Medikamentengruppen, von synthetischen Anxiolytika bis zu pflanzlichen Präparaten, beeinflussen Neurotransmitter und andere Prozesse im Gehirn, um Angstsymptome zu lindern. Nebenwirkungen, Abhängigkeitsrisiken und unterschiedliche Wirkmechanismen erfordern eine sorgfältige Abwägung und individuelle Anpassung der Therapie. Dieser Abschnitt beleuchtet die Wirkungsweise verschiedener Medikamentenklassen, ihre Vor- und Nachteile sowie die Bedeutung einer fundierten ärztlichen Beratung. Erfahren Sie mehr über die Möglichkeiten und Grenzen der medikamentösen Angstbehandlung, um gemeinsam mit Ihrem Arzt den optimalen Weg für Ihre Genesung zu finden.

Die medikamentöse Behandlung von Angststörungen sollte individualisiert und idealerweise multimodal erfolgen, unter Berücksichtigung von Wirksamkeit, Nebenwirkungen und möglichen Wechselwirkungen, sowie in Kombination mit Psychotherapie für einen nachhaltigen Erfolg.

Wirkungsweise von Anxiolytika

Anxiolytika beeinflussen die Aktivität von Neurotransmittern im Gehirn, um Angstsymptome zu lindern. Ein verbreiteter Wirkmechanismus ist die Verstärkung der GABAergen Neurotransmission. GABA, der wichtigste inhibitorische Neurotransmitter im Gehirn, dämpft neuronale Aktivität und reduziert so Angstgefühle. Benzodiazepine, eine Klasse von Anxiolytika, binden an GABA-A-Rezeptoren und verstärken die Wirkung von GABA, was zu einer schnelleren Angstreduktion führt. [s62] Allerdings bergen Benzodiazepine das Risiko von Abhängigkeit und Entzugssymptomen und sind daher nicht für die Langzeitbehandlung geeignet. [s62] Andere Anxiolytika, wie beispielsweise Pregabalin, wirken ebenfalls über das GABAerge System, jedoch mit einem anderen Wirkmechanismus. Pregabalin bindet an spannungsabhängige Calciumkanäle und reduziert die Freisetzung von Neurotransmittern, die an der Entstehung von Angst beteiligt sind. [s62] Dieser Mechanismus führt zu einer anxiolytischen Wirkung ohne die sedierenden Effekte von Benzodiazepinen. Neben GABA spielen auch andere Neurotransmittersysteme eine Rolle bei der Wirkungsweise von Anxiolytika. Einige pflanzliche Anxiolytika modulieren beispielsweise Ionenkanäle oder Zellmembranen, um die GABAerge Aktivität zu beeinflussen. [s63] Lavendelöl, ein pflanzliches Anxiolytikum, hemmt spannungsabhängige Calciumkanäle und reduziert die Aktivität des 5HT1A-Rezeptors, was zu einer anxiolytischen und beruhigenden Wirkung führt. [s64] Ein Patient mit generalisierter Angststörung könnte von der Einnahme von Lavendelöl profitieren, da es innerhalb von zwei Wochen wirken kann und ein milderes Nebenwirkungsprofil als Benzodiazepine aufweist. [s64] Agomelatin, ein weiteres Anxiolytikum, blockiert den 5-HT2C-Rezeptor und aktiviert Melatoninrezeptoren. [s65] Diese Kombination von Wirkmechanismen reduziert Angstsymptome und verbessert gleichzeitig den Schlaf, was besonders für Patienten mit Angststörungen und Schlafstörungen hilfreich sein kann. Neuere Forschungsansätze untersuchen auch die

Modulation anderer Neurotransmittersysteme, wie z. B. des cholinergen Systems. Ein investigationaler Wirkstoff, der als negativer allosterischer Modulator eines bestimmten cholinergen Rezeptors wirkt, zeigt vielversprechende anxiolytische Effekte ohne die Nachteile herkömmlicher Anxiolytika. [s66] Diese Entwicklungen eröffnen neue Möglichkeiten für die Behandlung von Angststörungen mit potenziell weniger Nebenwirkungen.

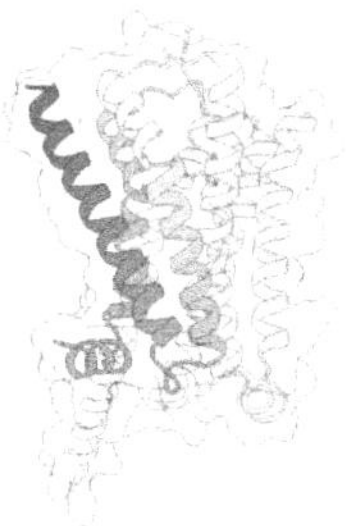

5-HT1A-Rezeptor [i22]

Spannungsabhängiger Calciumkanal [i23]

Gut zu wissen

Melatoninrezeptoren

Rezeptoren im Gehirn, die an den Schlaf-Wach-Rhythmus gekoppelt sind. Agomelatin aktiviert diese Rezeptoren.

Negativer allosterischer Modulator

Eine Substanz, die an einen Rezeptor bindet und dessen Aktivität hemmt, ohne die Bindungsstelle des eigentlichen Neurotransmitters zu blockieren.

Neurotransmitter

Chemische Botenstoffe im Gehirn, die Signale zwischen Nervenzellen übertragen. Sie spielen eine wichtige Rolle bei der Entstehung und Regulation von Emotionen wie Angst.

Spannungsabhängige Calciumkanäle

Poren in der Zellmembran von Nervenzellen, die sich als Reaktion auf elektrische Signale öffnen und Calciumionen in die Zelle strömen lassen. Sie spielen eine Rolle bei der Freisetzung von Neurotransmittern.

Angstlösende Wirkung über die Zeit

Veranschaulicht die Beziehung zwischen der angstlösenden Dosierung und dem Einsetzen/der Stärke der Wirkung.

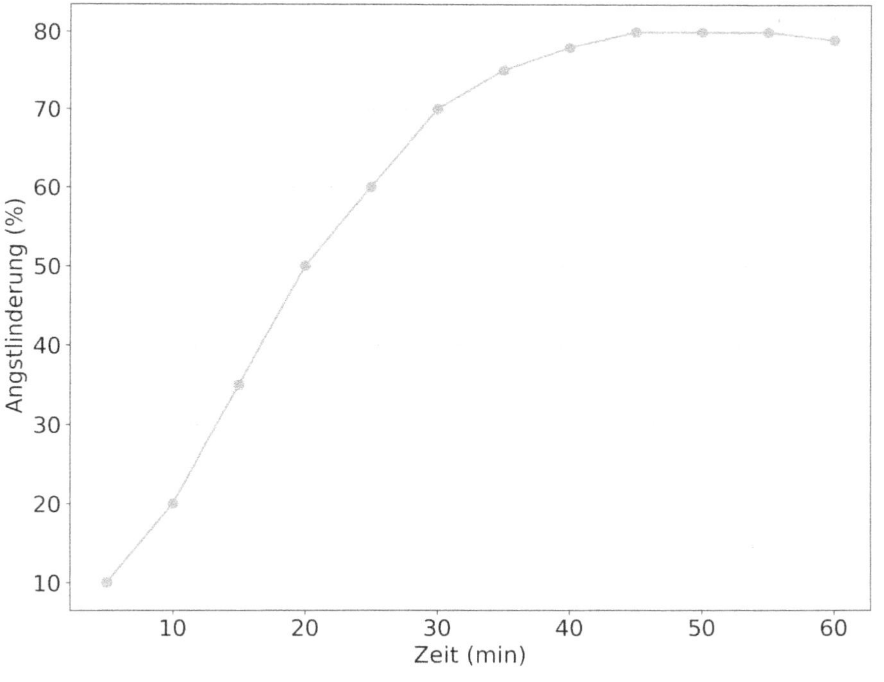

Die Grafik zeigt, dass höhere Dosen im Allgemeinen zu einem schnelleren Einsetzen und einer stärkeren Spitzenwirkung führen. Sie hebt jedoch auch hervor, dass übermäßig hohe Dosen im Vergleich zu einer mittelhohen Dosis möglicherweise keine signifikant größere Linderung bieten und ein höheres Risiko für Nebenwirkungen mit sich bringen können. Das Plateau deutet auf eine maximal wirksame Dosis hin, über die hinaus weitere Erhöhungen die therapeutische Wirkung nicht proportional steigern.

Antidepressiva bei chronischen Angstzuständen

Antidepressiva, insbesondere selektive Serotonin-Wiederaufnahmehemmer (ssris) und Serotonin-Norepinephrin-Wiederaufnahmehemmer (SNRIs), finden auch bei chronischen Angstzuständen Anwendung. [s67] Sie wirken nicht unmittelbar, sondern entfalten ihre angstlösende Wirkung oft erst nach mehreren Wochen. [s67] Während dieser initialen Phase können vorübergehende Nebenwirkungen wie Kopfschmerzen, Übelkeit oder Schlafstörungen auftreten. [s67] Eine langsame Dosissteigerung kann diese Begleiterscheinungen minimieren und die Verträglichkeit verbessern. Für Betroffene ist es daher wichtig, die Behandlung geduldig fortzusetzen und eng mit dem Arzt zusammenzuarbeiten, um die optimale Dosierung zu finden und die Nebenwirkungen zu kontrollieren. Bei anhaltenden oder starken Nebenwirkungen sollte der Arzt konsultiert werden, um gegebenenfalls die Medikation anzupassen. Ergänzend können Beta-Blocker, die in erster Linie bei Bluthochdruck eingesetzt werden, zur Linderung der körperlichen Symptome, wie Herzrasen, Schwitzen oder Zittern, beitragen, obwohl sie nicht standardmäßig bei Angststörungen verschrieben werden. [s67] Die Behandlung chronischer Angstzustände erfordert oft einen multimodalen Ansatz, der neben der medikamentösen Therapie auch psychotherapeutische Verfahren umfasst. [s67] Die Kombination verschiedener Therapieformen kann sich synergistisch ergänzen und die Behandlungserfolge verbessern. So kann beispielsweise eine kognitive_verhaltenstherapie dem Patienten helfen, negative Denkmuster zu erkennen und zu verändern, während die medikamentöse Behandlung die zugrundeliegenden neurochemischen Ungleichgewichte adressiert. Die individuelle Therapieplanung sollte in enger Absprache mit einem erfahrenen Arzt oder Psychotherapeuten erfolgen, um die optimale Kombination aus medikamentöser und psychotherapeutischer Behandlung zu gewährleisten. Da jeder Patient unterschiedlich auf

Medikamente reagiert, kann es notwendig sein, verschiedene Präparate auszuprobieren, um das individuell wirksamste und verträglichste Medikament zu identifizieren. [s67] Dieser Prozess erfordert Geduld und eine offene Kommunikation zwischen Patient und Arzt, um die Therapie bestmöglich an die individuellen Bedürfnisse anzupassen.

Gut zu wissen

Beta-Blocker

Beta-Blocker blockieren die Wirkung von Adrenalin, einem Hormon, das bei Stress und Angst ausgeschüttet wird. Sie können helfen, die körperlichen Symptome von Angst, wie Herzrasen und Zittern, zu reduzieren. Beta-Blocker werden in der Regel nicht als primäre Behandlung von Angststörungen eingesetzt, sondern eher zur kurzfristigen Linderung von akuten Angstsymptomen.

Multimodaler Ansatz

Ein multimodaler Ansatz bei der Behandlung von Angststörungen kombiniert verschiedene Therapieformen, wie z.B. Medikamente und Psychotherapie, um die individuellen Bedürfnisse des Patienten zu berücksichtigen und die Behandlungserfolge zu maximieren.

Wirksamkeit von Antidepressiva bei Angstzuständen

Wirksamkeit verschiedener Antidepressiva-Klassen.

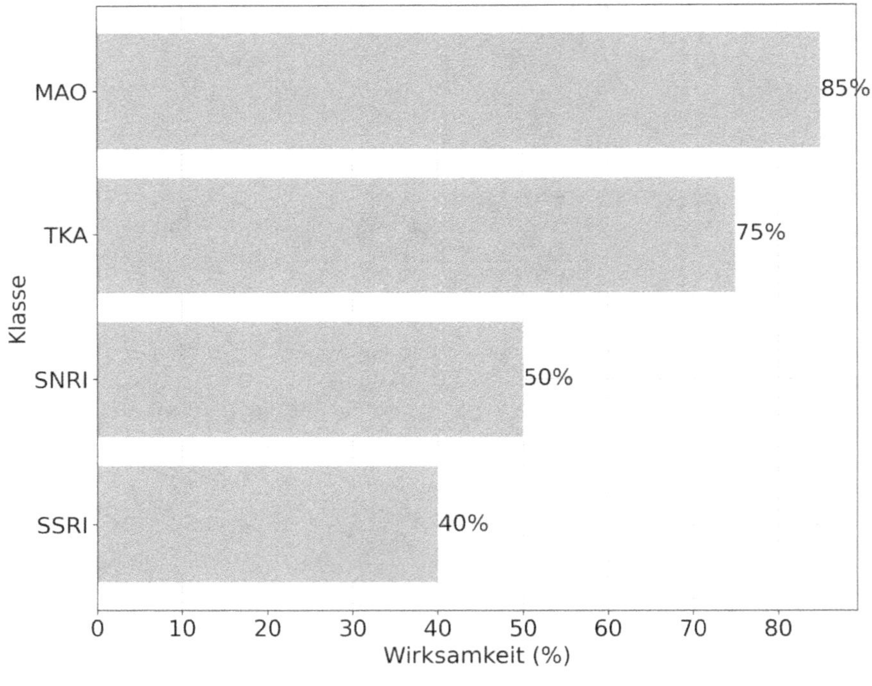

MAO: MAO-Hemmer

SNRI: SNRIs

SSRI: SSRIs

TKA: TKAs

SSRIs zeigen die höchste Wirksamkeit, dicht gefolgt von SNRIs. TKAs und MAO-Hemmer zeigen eine geringere Wirksamkeit, möglicherweise aufgrund ihres Nebenwirkungsprofils und ihrer Eignung für bestimmte Angst-Subtypen.

Pflanzliche Mittel zur Angstreduktion

Pflanzliche Mittel bieten eine zusätzliche Option zur Behandlung von Angstzuständen. Passionsblume und Kava haben in klinischen Studien vielversprechende Ergebnisse gezeigt. [s68] Auch die Kombination von Lysin und Arginin kann Angst reduzieren, ohne nennenswerte Nebenwirkungen hervorzurufen. [s68] Magnesiumpräparate, besonders in Kombination mit anderen Nährstoffen, sind ebenfalls eine Option. [s68] Die Nebenwirkungen dieser pflanzlichen Mittel sind meist mild bis moderat. [s68] Ein weiterer Ansatz ist Ashwagandha, dessen Extrakt Stress, Angstgefühle und cortisolspiegel senken kann. [s69] Eine Taskforce empfiehlt bestimmte Tagesdosen zur Behandlung generalisierter Angststörungen, wünscht sich aber weitere Daten für eine stärkere Empfehlung. [s69] Ashwagandha-Extrakte können etwa die Schlafqualität verbessern und Angst und Stress reduzieren. [s69] Es ist jedoch wichtig zu beachten, dass die Wirksamkeit pflanzlicher Mittel variieren kann und nicht alle Präparate ausreichend erforscht sind. Ein Präparat wurde in einigen Ländern aufgrund von Nebenwirkungen sogar vom Markt genommen. [s70] Bei sozialer Angststörung zeigte sich ein anderes pflanzliches Mittel als unwirksam. [s70] Deshalb ist eine Rücksprache mit einem Arzt oder Apotheker unerlässlich, um die geeignete Dosierung

Ashwagandha [i24]

Kava [i25]

und mögliche Wechselwirkungen mit anderen Medikamenten zu besprechen. Die Einnahme pflanzlicher Mittel sollte die ärztlich verordnete Therapie nicht ersetzen, sondern ergänzen.

Passionsblume [i26]

Wirksamkeit von Kräutermitteln zur Angstlinderung

Vergleich der Wirksamkeit gängiger Kräutermittel gegen Angstzustände.

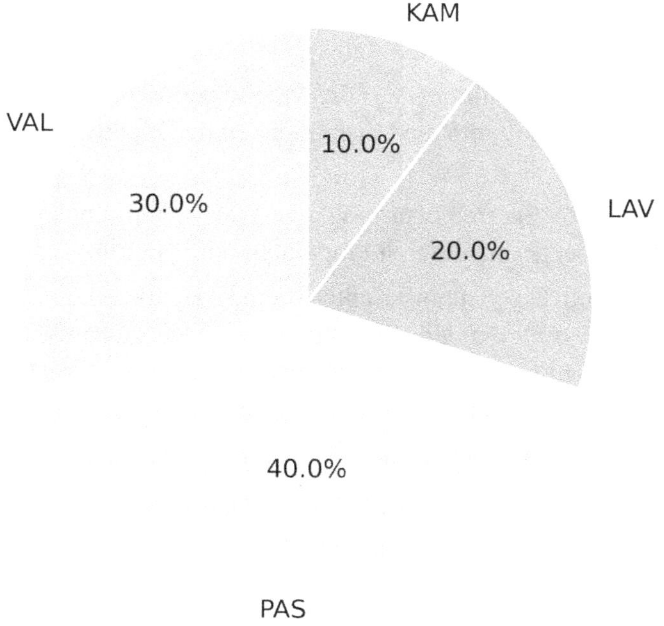

KAM: Kamille
LAV: Lavendel
PAS: Passionsblume
VAL: Baldrian

Während Passionsblume die höchste potenzielle Wirksamkeit zeigt, ist es wichtig zu beachten, dass die individuellen Reaktionen auf Kräuterheilmittel variieren können. Baldrian und Lavendel weisen ebenfalls ein bemerkenswertes Potenzial auf und bieten alternative Optionen für diejenigen, die Angstlinderung suchen. Kamille hingegen scheint, obwohl sie häufig verwendet wird, basierend auf diesen Daten weniger wirksam zu sein. Weitere Forschung und Rücksprache mit medizinischem Fachpersonal werden empfohlen.

Konkrete Ratschläge

- Dokumentieren Sie Ihre Medikamenteneinnahme in einem Tagebuch, um die Wirkung und mögliche Nebenwirkungen genau zu beobachten.
- Besprechen Sie mit Ihrem Arzt oder Apotheker die optimale Einnahmezeit Ihrer Medikamente, um deren Wirksamkeit zu maximieren.
- Erfragen Sie bei Ihrem Arzt die Möglichkeit einer schrittweisen Dosisanpassung, um die Verträglichkeit der Medikamente zu verbessern.
- Informieren Sie sich über mögliche Wechselwirkungen Ihrer Medikamente mit anderen Präparaten oder Nahrungsmitteln.
- Entwickeln Sie gemeinsam mit Ihrem Arzt einen individuellen Notfallplan für den Umgang mit akuten Angstzuständen unter Berücksichtigung Ihrer Medikation.
- Reflektieren Sie regelmäßig mit Ihrem Arzt über die Wirkung Ihrer Medikation und passen Sie die Therapie gegebenenfalls an.
- Scheuen Sie sich nicht, Ihren Arzt nach alternativen Medikamenten zu fragen, wenn Sie mit der aktuellen Medikation nicht zufrieden sind.
- Erstellen Sie eine Liste mit allen Fragen, die Sie bezüglich Ihrer Medikation haben und besprechen Sie diese mit Ihrem Arzt.
- Informieren Sie sich über verschiedene Darreichungsformen Ihrer Medikamente, um die für Sie angenehmste Variante zu wählen.
- Achten Sie auf eine regelmäßige Einnahme Ihrer Medikamente, um einen konstanten Wirkspiegel im Körper zu gewährleisten.
- Besprechen Sie mit Ihrem Arzt die Möglichkeit, die medikamentöse Therapie mit anderen therapeutischen Ansätzen wie Psychotherapie oder Entspannungstechniken zu kombinieren.

Rückblick - 3. Ängste überwinden durch therapeutische Ansätze

Ängste können das Leben stark beeinträchtigen, doch es gibt wirksame therapeutische Ansätze, die Ihnen helfen, diese zu überwinden und Ihre Lebensqualität zurückzugewinnen. Ein zentraler Bestandteil der Angstbewältigung ist die Konfrontation mit den angstauslösenden Situationen oder Reizen. Dies kann in der Realität geschehen (In-vivo-Exposition), in der Vorstellung (imaginale Exposition) oder durch das bewusste Hervorrufen körperlicher Symptome (interozeptive Exposition). Wichtig ist dabei ein schrittweises Vorgehen, beginnend mit leichter zu bewältigenden Situationen. Erstellen Sie gemeinsam mit Ihrem Therapeuten eine individuelle Angsthierarchie, um diesen Prozess zu strukturieren und Ihre Fortschritte zu verfolgen. Reflektieren Sie nach jeder Konfrontation Ihre Erfahrungen und erkennen Sie, dass die befürchteten Katastrophen in der Regel nicht eintreten. Seien Sie geduldig mit sich selbst, denn die Überwindung von Ängsten braucht Zeit und erfordert Mut. Vermeiden Sie Ablenkung und suchen Sie nicht permanent nach Beruhigung, um den Therapieerfolg nicht zu gefährden.

Neben der Exposition spielt die kognitive Umstrukturierung eine wichtige Rolle bei der Angstbewältigung. Hierbei lernen Sie, negative und übertriebene Gedankenmuster zu identifizieren und zu hinterfragen. Häufige Denkfehler wie Schwarz-Weiß-Denken oder Katastrophisieren werden bewusst gemacht und durch realistischere Bewertungen ersetzt. Üben Sie, Ihre Gedanken kritisch zu prüfen und alternative Perspektiven zu entwickeln. Notieren Sie Ihre Gedanken und Gefühle in einem Tagebuch, um wiederkehrende Muster zu erkennen und Ihre Fortschritte zu dokumentieren. Die kognitive Umstrukturierung hilft Ihnen, die Kontrolle über Ihre Gedanken und damit auch über Ihre Ängste zurückzugewinnen. Diese Methode kann Ihnen auch helfen, psychosomatische Symptome zu lindern, die oft mit Angst einhergehen.

Ergänzend zu diesen Ansätzen können Verhaltensexperimente im Alltag durchgeführt werden, um Ihre Annahmen über angstauslösende Situationen zu überprüfen. Planen Sie konkrete Handlungen, die Ihre Befürchtungen auf die Probe stellen und beobachten Sie die tatsächlichen Konsequenzen. Dies ermöglicht es Ihnen, Vermeidungsstrategien zu überwinden und neue, positive Erfahrungen zu sammeln. Dokumentieren Sie Ihre Angstintensität vor, während und nach dem Experiment, um Ihre Fortschritte zu messen und Ihre Ängste zu relativieren. Verhaltensmuster, die Ihre Angst aufrechterhalten, können so schrittweise verändert werden. Kombinieren Sie diese Methode mit Entspannungstechniken wie dem Bodyscan, um Ihre Körperwahrnehmung zu verbessern und körperliche Anspannung abzubauen.

Auch achtsamkeitsbasierte Meditation und Techniken wie der Bodyscan können Ihnen helfen, Ängste zu bewältigen, insbesondere im Umgang mit Panikattacken. Indem Sie Ihre Aufmerksamkeit auf den gegenwärtigen Moment richten und Ihre Gedanken und Gefühle ohne Bewertung beobachten, lernen Sie, sich von Ihren Ängsten zu distanzieren und die Kontrolle über Ihre Reaktionen zurückzugewinnen. Integrieren Sie Achtsamkeit in Ihren Alltag, indem Sie regelmäßig kurze Meditationsübungen durchführen. Auch pflanzliche Mittel wie Passionsblume oder Ashwagandha können unterstützend wirken, sollten aber immer in Absprache mit Ihrem Arzt oder Apotheker eingenommen werden. Medikamente wie Anxiolytika oder Antidepressiva können bei Bedarf ebenfalls Teil eines multimodalen Therapieansatzes sein.

Die Überwindung von Ängsten ist ein Prozess, der Engagement und Geduld erfordert. Nutzen Sie die verschiedenen therapeutischen Ansätze und finden Sie heraus, welche Methoden am besten zu Ihnen passen. Scheuen Sie sich nicht, professionelle Hilfe in Anspruch zu nehmen, um individuelle Unterstützung und Begleitung auf Ihrem Weg zur Angstfreiheit zu erhalten. Mit den richtigen Werkzeugen und der nötigen Motivation können Sie Ihre Ängste erfolgreich bewältigen und ein erfüllteres Leben führen.

4. Ängste in sozialen Beziehungen

Haben Sie sich jemals gefragt, warum manche Begegnungen Ihr Herz rasen lassen, während andere Sie regelrecht erstarren lassen? Zwischenmenschliche Nähe kann sowohl Quelle tiefer Erfüllung als auch Auslöser intensiver Verunsicherung sein. Die Art, wie wir Beziehungen erleben und gestalten, wird maßgeblich von unseren frühesten Bindungserfahrungen geprägt und manifestiert sich in wiederkehrenden Verhaltensmustern. Ob im beruflichen Umfeld, in Freundschaften oder in der Partnerschaft – die Angst vor Ablehnung, Verletzung oder Kontrollverlust kann zu einem ständigen Begleiter werden. In diesem Kapitel entschlüsseln wir die verborgenen Mechanismen, die unsere Beziehungsängste antreiben und zeigen Wege auf, wie Sie diese überwinden können.

4. 1 Bindungsängste verstehen und heilen

Bindungsängste entstehen oft durch frühkindliche Erfahrungen und beeinträchtigen Beziehungen im Erwachsenenalter. Sie äußern sich in übermäßigem Nähebedürfnis, Angst vor Zurückweisung und Kontrollverhalten, was zu Konflikten und Unsicherheit führen kann. Diese Muster wirken sich negativ auf das eigene Wohlbefinden und die Qualität der Partnerschaft aus. Das Verständnis der Ursachen und Auswirkungen von Bindungsängsten ist der erste Schritt zu mehr emotionaler Stabilität und erfüllenden Beziehungen. Lesen Sie weiter, um die Entstehung von Bindungsängsten zu verstehen und Wege zur Heilung zu entdecken.

Die Heilung von Bindungsängsten beginnt mit dem Verstehen ihrer Wurzeln in der Kindheit und erfordert die aktive Auseinandersetzung mit den eigenen Emotionen und Verhaltensmustern, um zu sicheren und erfüllenden Beziehungen zu gelangen.

Ursprünge des ängstlichen Bindungsstils

Der ängstliche Bindungsstil hat seine Wurzeln in der Kindheit, genauer in der Interaktion mit den primären Bezugspersonen. Fehlende elterliche Abstimmung auf die Bedürfnisse des Kindes führt dazu, dass Beziehungen zwar als wertvoll, aber gleichzeitig als unzuverlässig erlebt werden [s71]. Inkonsistente Reaktionen der Eltern – mal liebevoll, mal abweisend – prägen ein ambivalentes Verhältnis zu Nähe und Distanz, das den ängstlichen Bindungsstil im Erwachsenenalter kennzeichnet [s71]. Eltern, die beispielsweise heute auf die Bedürfnisse ihres Kindes eingehen und morgen dieselben Bedürfnisse ignorieren, vermitteln dem Kind ein Gefühl von Unsicherheit und Unberechenbarkeit in der Beziehung. Diese frühen Erfahrungen können die emotionale Regulation des Kindes beeinträchtigen und so zu Schwierigkeiten mit Stressbewältigung und Ängsten im späteren Leben führen [s71]. Auch ein Mangel an Empathie und Schwierigkeiten im Umgang mit Beziehungen können auf dysfunktionale Bindungsmuster in der Kindheit zurückgeführt werden und Ängste im Erwachsenenalter verstärken [s71]. Eine ausreichend sensitive Wahrnehmung der kindlichen Bedürfnisse durch die Eltern und deren adäquate Unterstützung sind essentiell für die Entwicklung eines sicheren Bindungsstils und somit für die Vermeidung von Ängsten [s71].

Kindliche Vernachlässigung und Misshandlung tragen ebenfalls zur Entstehung eines ängstlichen Bindungsstils bei [s72]. Diese traumatischen Erfahrungen führen im Erwachsenenalter nicht nur zu einem erhöhten Risiko für Depressionen, Ängste und geringes Selbstwertgefühl, sondern verstärken auch die bestehenden Bindungsängste [s72]. Die negativen Auswirkungen auf die psychische Gesundheit werden somit durch den ängstlichen Bindungsstil vermittelt [s72]. Dieser Zusammenhang unterstreicht die Bedeutung von interventionen, die sich gezielt mit ängstlichen Bindungsmustern auseinandersetzen, um die psychische Gesundheit Betroffener zu verbessern [s72]. Die negativen Folgen frühkindlicher Traumata können auch durch die Entwicklung unsicherer Bindungsmuster verstärkt werden [s73]. Fehlende emotionale Unterstützung oder traumatische Erlebnisse wie Vernachlässigung oder Missbrauch beeinträchtigen die Fähigkeit, sichere Bindungen aufzubauen und begünstigen die Entstehung eines ängstlichen oder desorganisierten Bindungsstils [s73]. Die daraus resultierenden Defizite in der Entwicklung von Empathie und mentaler Repräsentation wirken sich negativ auf die emotionale Regulation und die Fähigkeit aus, gesunde zwischenmenschliche Beziehungen zu führen [s73]. Die Qualität der frühen Bindungserfahrungen beeinflusst maßgeblich die Entwicklung von Arbeitsmodellen, die das spätere Beziehungsverhalten prägen [s74]. Hochängstliche Personen neigen

Kindliche Vernachlässigung [i27]

Traumatische Erlebnisse [i28]

dazu, die Unterstützung ihrer Partner als unzureichend wahrzunehmen, was ihre Ängste weiter verstärkt und zu dysfunktionalen Verhaltensweisen in der Beziehung führt [s74]. In stressreichen Situationen wird das Bindungssystem aktiviert, was bei ängstlich gebundenen Menschen zu einem gesteigerten Bedürfnis nach Nähe führt und den Partner oft überfordert [s74]. Die daraus resultierende emotionale Bewältigungsstrategie, die sich auf Sorgen und Ängste konzentriert, führt zu einer chronischen Aktivierung des Bindungssystems [s74]. Die Bindungstheorie verdeutlicht, dass die Reaktionen auf den Partner in stressigen Situationen stark vom individuellen Bindungsstil abhängen und unterstreicht die Notwendigkeit von gezielten Interventionen zur Heilung von Bindungsängsten [s74]. Auch die elterliche Sensibilität spielt eine entscheidende Rolle bei der Ausbildung des Bindungsstils [s75]. Eine hohe mütterliche Sensibilität in der Kindheit führt zu weniger Bindungsängsten und Vermeidungsverhalten im Erwachsenenalter [s75]. Umgekehrt korrelieren mütterliche Depression und Vaterabwesenheit mit erhöhter Bindungsangst [s75]. Nicht nur die frühkindlichen Erfahrungen, sondern auch spätere Veränderungen in der Pflegequalität beeinflussen den Bindungsstil, wobei letztere einen stärkeren Einfluss haben [s75]. Die Bedeutung der sozialen Umwelt zeigt sich auch im Einfluss von Freundschaften: Qualitativ hochwertige Freundschaften in Kindheit und Jugend wirken sich positiv auf den Bindungsstil im Erwachsenenalter aus und reduzieren Bindungsängste [s75]. Die Entwicklung sozialer Kompetenzen spielt dabei eine wichtige Rolle, da sozial kompetente Kinder im Erwachsenenalter weniger Bindungsängste aufweisen [s75].

Ursprünge ängstlicher Bindung

Verteilung der Faktoren, die zu einem ängstlichen Bindungsstil beitragen.

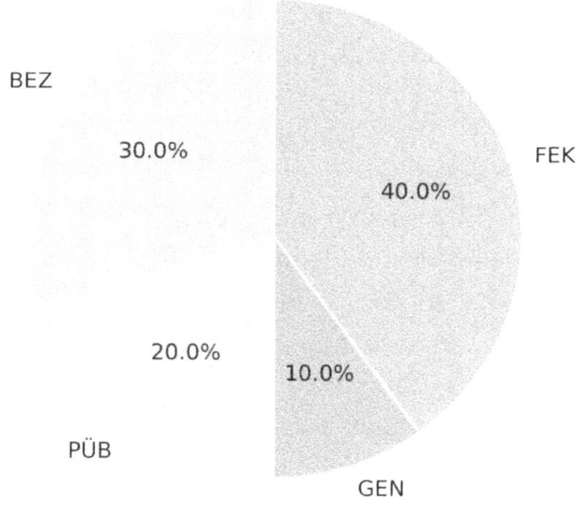

BEZ: Beziehungsdynamik (z. B. früheres Beziehungstrauma, unsichere Partner)

FEK: Frühkindliche Erlebnisse (z. B. inkonsistente Erziehung, emotionale Vernachlässigung)

GEN: Genetik und Temperament (Veranlagung zu Angst)

PÜB: Persönliche Überzeugungen (z. B. geringes Selbstwertgefühl, Angst vor Verlassenwerden)

Dieses Diagramm verdeutlicht das komplexe Zusammenspiel von Faktoren, die zu ängstlicher Bindung beitragen. Während frühkindliche Erfahrungen ein erhebliches Gewicht haben, ist es wichtig, den Einfluss anderer Faktoren wie Beziehungsdynamik und persönliche Überzeugungen zu berücksichtigen. Dies unterstreicht, dass die Heilung von ängstlicher Bindung einen vielschichtigen Ansatz erfordert, der sich mit vergangenen Erfahrungen, gegenwärtigen Beziehungen und individuellen Denkmustern befasst.

Auswirkungen von Bindungsängsten auf Partnerschaften

Bindungsängste können die Dynamik von Partnerschaften erheblich beeinflussen und zu wiederkehrenden Konflikten und Missverständnissen führen. Ein ängstlicher Bindungsstil manifestiert sich unter anderem in übermäßigem Nähebedürfnis, einer starken Furcht vor Zurückweisung und der ständigen Suche nach Bestätigung durch den Partner. Diese intensive Sehnsucht nach Nähe kann den Partner schnell überfordern und das Gegenteil des Gewünschten bewirken – emotionale Distanzierung. Die Angst vor dem Verlust der Beziehung führt oft zu Kontrollverhalten, Eifersucht und übertriebenen Reaktionen auf vermeintliche Signale der Ablehnung. Dies kann eine Spirale der Unsicherheit in Gang setzen, in der die Befürchtungen des ängstlich Gebundenen paradoxerweise die Beziehung destabilisieren. Studien zeigen, dass Menschen mit einem Bindungsstil, der durch Unbehagen in der Nähe gekennzeichnet ist, geringere Chancen haben, stabile romantische Beziehungen einzugehen [s76]. Dieses Unbehagen kann sich in Schwierigkeiten äußern, sich emotional zu öffnen und dem Partner zu vertrauen. Die ständige Angst vor Verletzung und Enttäuschung erschwert es, eine tiefe und erfüllende Verbindung aufzubauen. Singles berichten von höheren Werten in Bezug auf Unbehagen mit Nähe und betrachten Beziehungen als sekundär im Vergleich zu Personen in stabilen Beziehungen [s76]. Dies deutet darauf hin, dass die Auseinandersetzung mit den eigenen Bindungsängsten und die Entwicklung eines sicheren Bindungsverhaltens entscheidend für das Gelingen von Partnerschaften sein können. Die Qualität stabiler romantischer Beziehungen ist nämlich mit höherem psychologischem Wohlbefinden und geringeren psychologischen Belastungen verbunden [s76]. Eine vertrauensvolle und sichere Partnerschaft kann somit als Schutzfaktor für die psychische Gesundheit dienen. Das Streben nach einer erfüllten Beziehung sollte daher mit der Arbeit an den eigenen Bindungsmustern einhergehen, um die Voraussetzungen für eine stabile und glückliche Partnerschaft zu schaffen. Ein sicherer Bindungsstil hingegen fördert Vertrauen, emotionale Stabilität und die Fähigkeit, gesunde Beziehungen zu führen. Insgesamt zeigen Menschen mit sicherem Bindungsstil höhere Werte im psychologischen Wohlbefinden im Vergleich zu Menschen mit unsicheren Bindungsstilen [s76]. Eine Therapie kann dabei helfen, die Ursachen der Bindungsängste zu verstehen, dysfunktionale Beziehungsmuster zu erkennen und neue, gesündere Verhaltensweisen zu erlernen. Der Aufbau von Selbstwertgefühl und die Entwicklung von Strategien zur Emotionsregulation sind weitere wichtige Schritte auf dem Weg zu einer sicheren Bindung und erfüllenden Beziehungen. Wer seine Bindungsängste aktiv angeht, investiert nicht nur in seine Partnerschaft, sondern auch in sein eigenes Wohlbefinden.

Gut zu wissen

Dysfunktionale Beziehungsmuster

Ungesunde, negative Verhaltensweisen und Interaktionsmuster in Beziehungen, die zu Konflikten, emotionaler Distanz und Leid führen. Die Überwindung dysfunktionaler Muster ist wichtig für den Aufbau gesunder Beziehungen.

Emotionsregulation

Die Fähigkeit, eigene Emotionen wahrzunehmen, zu verstehen und zu beeinflussen. Eine gute Emotionsregulation ist wichtig für den Umgang mit Bindungsängsten und den Aufbau stabiler Beziehungen.

Kontrollverhalten

Der Versuch, das Verhalten des Partners oder die Beziehung im Allgemeinen zu kontrollieren, oft ausgelöst durch Unsicherheit und Angst vor Verlust. Kann die Beziehung stark belasten.

Nähebedürfnis

Das Bedürfnis nach emotionaler und/oder physischer Nähe zu anderen Menschen, welches bei Bindungsängsten oft übermäßig ausgeprägt ist und zu Problemen in Beziehungen führen kann.

Beziehungszufriedenheit und Bindungsstile

Auswirkungen von Bindungsstilen auf die Beziehungszufriedenheit

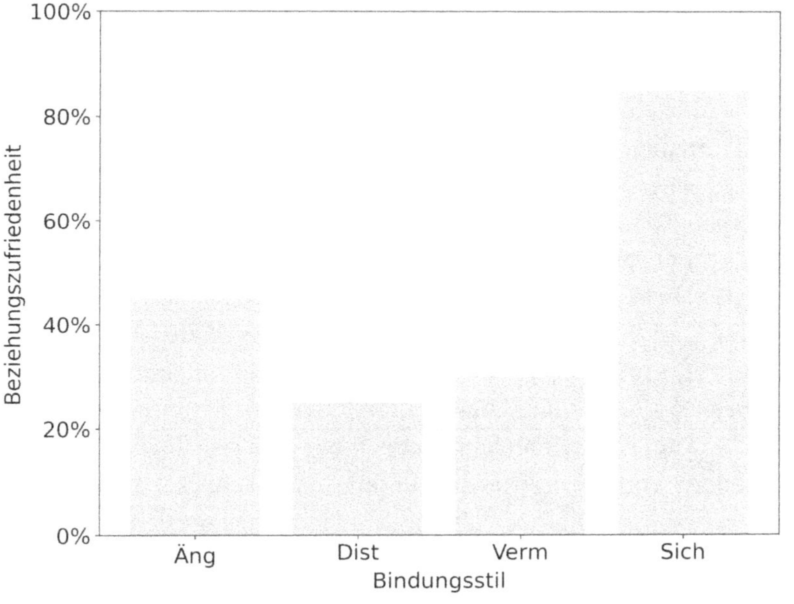

Äng: Ängstlich-ambivalent

Dist: Distanziert-vermeidend

Sich: Sicher

Verm: Vermeidend-ängstlich

Sicher gebundene Personen berichten im Vergleich zu Personen mit ängstlichen oder vermeidenden Bindungsstilen von einer deutlich höheren Beziehungszufriedenheit. Dies deutet auf einen starken Zusammenhang zwischen sicherer Bindung und positiven Beziehungsergebnissen hin. Während ängstlich gebundene Personen eine gewisse Zufriedenheit erfahren, ist diese deutlich geringer als bei sicheren Personen, wahrscheinlich aufgrund von Ängsten und Unsicherheiten innerhalb der Beziehung. Vermeidende Bindung ist mit der geringsten Zufriedenheit verbunden, was die Herausforderungen verdeutlicht, mit denen diese Personen konfrontiert sind, enge, erfüllende Beziehungen einzugehen und aufrechtzuerhalten. Diese Ergebnisse unterstreichen, wie wichtig es ist, bindungsbezogene Probleme zu verstehen und anzugehen, um das Beziehungswohlbefinden zu verbessern.

Schritte zur Überwindung von Verlustängsten

Verlustängste überwinden: Von der Angst zur Akzeptanz Die Furcht vor dem Verlust einer geliebten Person ist tief im menschlichen Wesen verankert. Besonders ausgeprägt ist diese Angst bei Menschen mit ängstlichem Bindungsstil. Diese Verlustangst äußert sich oft in übermäßigem Klammern, Kontrollverhalten und der ständigen Suche nach Bestätigung. Um diese Ängste zu überwinden und zu mehr Gelassenheit in Beziehungen zu finden, ist es notwendig, die zugrundeliegenden Mechanismen zu verstehen und aktiv an deren Veränderung zu arbeiten. Ein erster Schritt besteht darin, sich der eigenen Verlustangst bewusst zu werden und deren Auswirkungen auf das Beziehungsverhalten zu reflektieren. Statt die Angst zu unterdrücken, gilt es, sie anzunehmen und zu erforschen. Woher kommt diese Furcht? Welche Erfahrungen haben sie geprägt? Die Auseinandersetzung mit der eigenen Biografie, insbesondere mit den frühen Bindungserfahrungen, kann wertvolle Hinweise liefern. Die Bewältigung von Verlustängsten erfordert die Entwicklung konstruktiver Strategien. Anstatt in selbstabwertenden Gedankenspiralen zu versinken oder die Schuld beim Partner zu suchen, ist es hilfreich, sich auf die eigenen Stärken und Ressourcen zu konzentrieren. Unter anderem kann das Pflegen von sozialen Kontakten außerhalb der Partnerschaft, die Ausübung von Hobbys oder Entspannungstechniken wie Yoga oder Meditation dazu beitragen, das emotionale Gleichgewicht zu stärken und die Abhängigkeit vom Partner zu reduzieren. Studien belegen, dass adaptive Bewältigungsstrategien die negativen Auswirkungen von Trennungen abmildern und depressive Symptome verringern können [s77]. Die bewusste Entscheidung für positive und lösungsorientierte Strategien stärkt die Widerstandsfähigkeit und fördert die emotionale Unabhängigkeit. Ein weiterer Schritt zur Überwindung von Verlustängsten liegt in der Stärkung des Selbstwertgefühls. Wer sich selbst wertschätzt und seinen eigenen Wert unabhängig von der Bestätigung anderer erkennt, ist weniger anfällig für Verlustängste. Die Entwicklung von

Selbstakzeptanz und Selbstliebe ist ein Prozess, der Zeit und Geduld erfordert. Unter anderem können positive Selbstgespräche, das bewusste Wahrnehmen eigener Erfolge und das Setzen realistischer Ziele dazu beitragen, das Selbstwertgefühl zu stärken. Professionelle Unterstützung, wie beispielsweise eine Therapie, kann den Prozess der Überwindung von Verlustängsten begleiten und beschleunigen. In der Therapie können die Ursachen der Ängste erforscht, dysfunktionale_beziehungsmuster aufgedeckt und neue, gesündere Verhaltensweisen erlernt werden. Die therapeutische Arbeit ermöglicht es, die eigenen Emotionen besser zu regulieren und einen sicheren Umgang mit Nähe und Distanz zu entwickeln. Die Überwindung von Verlustängsten ist ein Weg, der Mut, Selbstreflexion und aktives Handeln erfordert. Doch die Belohnung ist groß: mehr Selbstvertrauen, stärkere Beziehungen und ein erfüllteres Leben. Wer seine Verlustängste überwindet, gewinnt nicht nur an innerer Freiheit, sondern schafft auch die Grundlage für authentische und vertrauensvolle Beziehungen.

Gut zu wissen

Adaptive Bewältigungsstrategien

Positive und lösungsorientierte Strategien, die helfen, mit schwierigen Situationen und Ängsten umzugehen und die Widerstandsfähigkeit zu stärken. Beispiele hierfür sind das Pflegen von sozialen Kontakten, die Ausübung von Hobbys oder Entspannungstechniken.

Bindungsstil

Der Bindungsstil beschreibt die Art und Weise, wie Menschen in Beziehungen Nähe und Distanz regulieren und wie sie mit ihren Emotionen umgehen. Er wird in der Kindheit geprägt und beeinflusst spätere Beziehungen.

Wirksamkeit der Interventionen

Wirksamkeit der Interventionen bei Verlustangst.

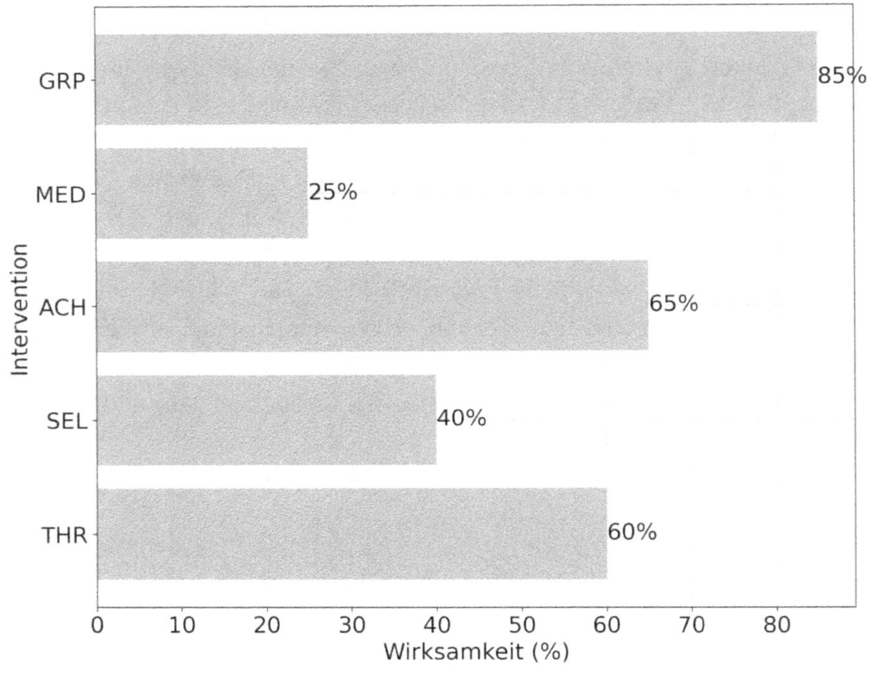

ACH: Achtsamkeit

MED: Medikamente

THR: Therapie

GRP: Selbsthilfegruppen

SEL: Selbsthilfe

Therapie scheint die wirksamste Intervention bei Verlustangst zu sein, gefolgt von Achtsamkeit und Selbsthilfegruppen. Medikamente können zwar hilfreich sein, ihre Wirksamkeit ist jedoch geringer als bei therapeutischen Interventionen. Selbsthilfe zeigt die geringste Wirkung unter den vorgestellten Methoden, obwohl sie dennoch positive Effekte haben kann.

Konkrete Ratschläge

- Schauen Sie sich Fotos aus Ihrer Kindheit an und spüren Sie in die damaligen Emotionen hinein.
- Schreiben Sie einen Brief an Ihr jüngeres Ich, das unter Bindungsängsten litt und bieten Sie ihm Trost und Verständnis an.
- Entwickeln Sie ein Symbol für Ihre neu gewonnene Bindungssicherheit, z.B. einen Stein, den Sie bei sich tragen.
- Stellen Sie sich Ihre Bindungsangst als separates Wesen vor und führen Sie ein Zwiegespräch mit ihm.
- Malen Sie ein Bild, das Ihre Beziehung zu Nähe und Distanz darstellt.
- Bewegen Sie sich zu Musik, die Ihre Gefühle in Bezug auf Bindung ausdrückt.
- Verbringen Sie Zeit in der Natur und spüren Sie die Verbundenheit mit allem Lebendigen.
- Kreieren Sie ein persönliches Ritual, um alte Bindungsmuster symbolisch loszulassen.
- Üben Sie sich in Dankbarkeit für die positiven Beziehungen in Ihrem Leben.
- Visualisieren Sie Ihr zukünftiges Ich in einer sicheren und erfüllten Beziehung.
- Schreiben Sie eine Geschichte über einen Menschen, der seine Bindungsängste überwindet.
- Finden Sie ein kreatives Ventil, um Ihre Gefühle auszudrücken, z.B. durch Schreiben, Malen oder Musizieren.
- Reflektieren Sie regelmäßig Ihre Fortschritte und feiern Sie Ihre Erfolge.

4. 2 Ängste in Partnerschaften bewältigen

Ängste in Partnerschaften beeinflussen beide Partner und die Beziehung selbst. Unterschiedliche Bedürfnisse nach Nähe und Distanz, der Umgang mit Sorgen und Ängsten sowie die Kommunikation bestimmen die Beziehungsqualität. Ungelöste Ängste können zu Missverständnissen, Konflikten und Vertrauensverlust führen. Dieses Kapitel beleuchtet die Dynamik von Ängsten in Partnerschaften und deren Auswirkungen auf das individuelle und gemeinsame Wohlbefinden. Es werden die Herausforderungen im Umgang mit Verletzlichkeit, Nähe und Distanz sowie die Bedeutung von Vertrauen und offener Kommunikation dargestellt. Lernen Sie, wie Sie Ängste in Ihrer Partnerschaft konstruktiv bewältigen und Ihre Beziehung stärken können.

Verständnisvolle Kommunikation, gepaart mit der Bereitschaft, die eigenen Bedürfnisse und Ängste auszudrücken und die des Partners zu respektieren, bildet das Fundament für eine vertrauensvolle und resiliente Partnerschaft, in der Ängste gemeinsam bewältigt werden können.

Kommunikation über Ängste in Beziehungen

Offene Kommunikation über Ängste ist für eine gesunde Beziehung unerlässlich. Wie Partner in stressigen Situationen miteinander umgehen, beeinflusst den Umgang mit Ängsten in der Partnerschaft. Neigen hoch ängstliche Personen dazu, verstärkt Unterstützung zu suchen, kann dies den Partner überfordern [s74]. Umgekehrt suchen vermeidende Persönlichkeiten eher Distanz und benötigen weniger Unterstützung [s74]. Diese Reaktionsmuster entstehen aus individuellen Erfahrungen mit Nähe und beeinflussen die Wahrnehmung des Partners und der Beziehung [s74]. Eine starke Bindung zum Partner kann hier als eine Art Schutzschild wirken und die Wahrscheinlichkeit dysfunktionaler Reaktionen in stressigen Situationen reduzieren [s74]. Die Art der Reaktion des Partners auf die Bedürfnisse des ängstlichen oder vermeidenden Partners beeinflusst wiederum dessen Emotions- und Verhaltensregulation [s74]. Etwa wenn ein Partner die Angst des anderen herunterspielt, anstatt einfach zuzuhören und Verständnis zu zeigen, kann dies die Angst verstärken. Die tägliche Angst eines Partners – etwa in Form von Sorgen oder Befürchtungen – wirkt sich auf die Beziehungswahrnehmung beider Partner aus [s78]. An Tagen mit stärkerer Angst wird die Beziehung oft negativer bewertet [s78]. Die Einstellung des Partners zur Angst des anderen beeinflusst diesen Zusammenhang. Wird die Angst bagatellisiert, verstärkt dies die negative Wahrnehmung. Fühlen sich Betroffene hingegen verstanden und unterstützt, wirkt sich die Angst weniger stark auf die Beziehungsqualität aus [s78]. Die Angst eines Partners kann auch Stress beim anderen Partner auslösen [s78]. Kommunikation hilft, diesen Stress zu reduzieren und die Situation für beide Partner zu verbessern. Nicht nur die direkte Kommunikation über Ängste innerhalb der Partnerschaft ist relevant, sondern auch die generelle Kommunikationsfähigkeit. Eine aktive Nutzung sozialer Medien kann die soziale Angst mindern, während passives Konsumieren sie eher verstärkt [s79]. Die Fähigkeit, offen zu kommunizieren, vermittelt diesen Zusammenhang – wer gut kommunizieren kann, hat weniger soziale Ängste [s79]. Die Entwicklung der eigenen Kommunikationsfähigkeit – etwa durch aktives Zuhören, Ich-Botschaften oder das Üben von Gesprächen in entspannter Atmosphäre – kann so Ängste reduzieren und die Beziehungsqualität verbessern [s79].

Kommunikation [i29]

Gut zu wissen

Dysfunktional

In Bezug auf Partnerschaften und Angstbewältigung beschreibt dysfunktional Verhaltensweisen oder Reaktionen, die die Beziehung belasten und die Angst nicht verringern, sondern möglicherweise verstärken. Beispiele hierfür sind ständiges Kritisieren, Ignorieren der Ängste des Partners oder übermäßige Kontrolle.

Verhaltensregulation

Verhaltensregulation bezieht sich auf die Fähigkeit, das eigene Verhalten in herausfordernden Situationen, insbesondere bei Angst, zu kontrollieren und an die jeweilige Situation anzupassen. In einer Partnerschaft kann dies bedeuten, impulsive Reaktionen zu vermeiden und stattdessen überlegt und respektvoll zu handeln.

Kommunikationsstrategien für den Umgang mit Angst in Beziehungen

Auswirkungen der Kommunikation auf den Beziehungserfolg bei der Bewältigung von Angstzuständen.

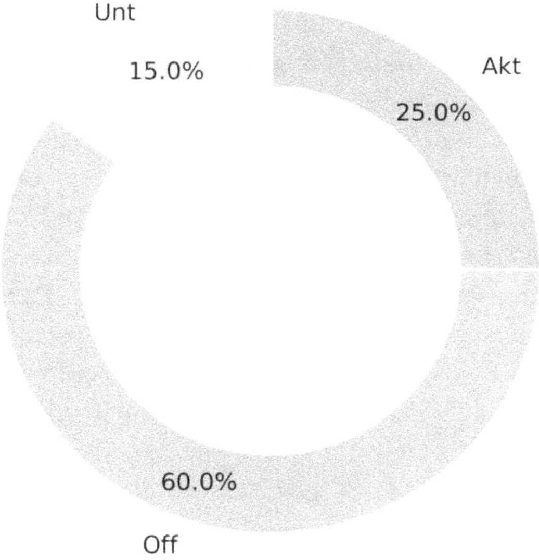

- Akt: Aktives Zuhören und Empathie
- Off: Offene und ehrliche Kommunikation
- Unt: Externe Unterstützung suchen

Offene und ehrliche Kommunikation (Off) spielt eine entscheidende Rolle für den erfolgreichen Umgang mit Beziehungsängsten und trägt wesentlich zu einem positiven Ergebnis bei. Aktives Zuhören (Akt) ist zwar wichtig, seine Wirkung ist jedoch weniger ausgeprägt als der direkte Ausdruck von Gefühlen. Die Suche nach externer Unterstützung (Unt) kann hilfreich sein, ist aber weniger effektiv als interne Kommunikationsstrategien. Dies deutet darauf hin, dass die Priorisierung eines offenen Dialogs und der Verletzlichkeit innerhalb der Beziehung der Schlüssel zur Überwindung von Angstzuständen und zur Förderung einer stärkeren Verbindung ist.

Gemeinsame Strategien gegen Beziehungsängste

Gemeinsame Strategien zur Bewältigung von Beziehungsängsten erfordern das Verständnis, dass die Ängste eines Partners auch den anderen beeinflussen. Ein konstruktiver Umgang damit stärkt die Beziehung und das individuelle Wohlbefinden beider. Zunächst ist es hilfreich, die jeweiligen Bedürfnisse in Bezug auf Nähe und Distanz zu erkennen. Reagiert ein Partner in stressigen Situationen mit dem Wunsch nach verstärkter Nähe, während der andere sich zurückzieht, können Missverständnisse und Konflikte entstehen. So kann beispielsweise der Wunsch nach Rückzug des vermeidenden Partners fälschlicherweise als Desinteresse interpretiert werden, was die Angst des ängstlichen Partners weiter verstärkt. Stattdessen sollten Paare gemeinsam Strategien entwickeln, die beiden Bedürfnissen gerecht werden. Das kann bedeuten, dass feste Zeiten für Zweisamkeit vereinbart werden, gleichzeitig aber auch Rückzugsräume für jeden einzelnen geschaffen werden. Ein weiterer wichtiger Aspekt ist der Umgang mit der Äußerung von Ängsten und Sorgen. Anstatt die Ängste des Partners zu bagatellisieren oder zu versuchen, sie schnell zu lösen, ist es wesentlich, einfühlsam zuzuhören und Verständnis zu zeigen. Bestätigung und emotionale Unterstützung können dem ängstlichen Partner helfen, sich sicherer und geborgen zu fühlen.

Gleichzeitig ist es wichtig, die eigenen Grenzen zu kommunizieren und dem Partner zu vermitteln, dass man zwar für ihn da ist, aber nicht alle seine Ängste übernehmen kann. Eine klare Abgrenzung der eigenen Verantwortlichkeiten verhindert Überforderung und schützt die eigene psychische Gesundheit. Das bedeutet nicht, den Partner mit seinen Ängsten allein zu lassen, sondern vielmehr, gemeinsam Lösungsansätze zu erarbeiten, die die selbstwirksamkeit des ängstlichen Partners fördern. Das kann beispielsweise die Suche nach professioneller Hilfe sein, wenn die Ängste den Alltag stark beeinträchtigen, oder die Entwicklung gemeinsamer Entspannungsrituale, die in stressigen Situationen angewendet werden können.

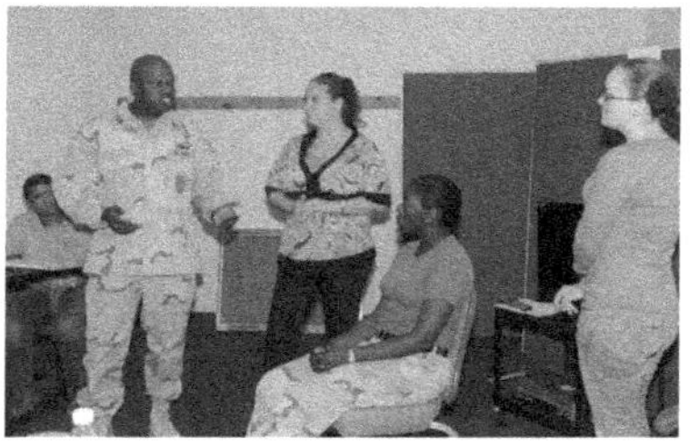

Aktives Zuhören [i30]

Zusätzlich zur direkten Kommunikation über Ängste spielt die allgemeine Kommunikationsfähigkeit des Paares eine entscheidende Rolle. Eine offene und wertschätzende Kommunikation schafft Vertrauen und verringert die Wahrscheinlichkeit von Missverständnissen. Aktives Zuhören, das Formulieren von Ich-Botschaften und die Bereitschaft, Kompromisse einzugehen, sind wichtige Bausteine einer gesunden Kommunikation. Paare können ihre Kommunikationsfähigkeiten durch gezielte Übungen verbessern. So kann es hilfreich sein, regelmäßig Zeit für Gespräche einzuplanen, in denen jeder Partner ungestört seine Gedanken und Gefühle äußern kann. Auch das Üben von konstruktiver Konfliktlösung kann dazu beitragen, in angespannten Situationen ruhig und respektvoll miteinander umzugehen. Durch die gemeinsame Arbeit an der Kommunikation schaffen Paare eine solide Basis, um auch mit Beziehungsängsten konstruktiv umzugehen. Die Fähigkeit, offen über Ängste und Bedürfnisse zu sprechen, stärkt nicht nur die Beziehung, sondern fördert auch das persönliche Wachstum beider Partner. Ein Paar, das gemeinsam an seinen Kommunikationsmustern arbeitet, investiert in eine stabile und zufriedenstellende Zukunft.

Umgang mit Beziehungsangst

Wirksamkeit, Häufigkeit und Intensität von Angstbewältigungsstrategien in Beziehungen.

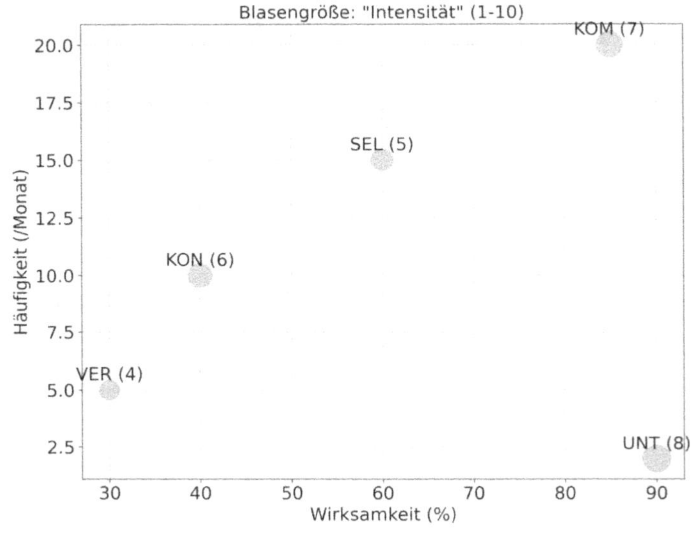

Blasengröße: Intensität (1-10)

KOM: Offene Kommunikation | KON: Konfliktvermeidung

SEL: Selbstberuhigung | UNT: Professionelle Unterstützung

VER: Vermeidung

Offene Kommunikation scheint sehr effektiv und häufig genutzt zu werden, allerdings mit unterschiedlicher Intensität. Vermeidung wird zwar weniger intensiv, aber auch seltener eingesetzt und zeigt eine geringere Wirksamkeit. Die Suche nach professioneller Unterstützung zeigt trotz geringerer Häufigkeit eine hohe Wirksamkeit und Intensität, was darauf hindeutet, dass sie ein wirksames Instrument ist, wenn sie genutzt wird. Selbstberuhigungstechniken werden häufig mit mäßiger Wirksamkeit eingesetzt, was auf ihr Potenzial als leicht verfügbare Bewältigungsmechanismen hindeutet. Schließlich weist Konfliktvermeidung zwar eine moderate Häufigkeit und Intensität auf, zeigt aber eine geringe Wirksamkeit, was impliziert, dass sie möglicherweise keine nachhaltige Lösung ist.

Umgang mit Verletzlichkeit und Vertrauensaufbau

Vertrauen und die Bereitschaft zur Verletzlichkeit sind Grundpfeiler stabiler Partnerschaften. Ängste überwinden bedeutet auch, sich emotional zu öffnen und dem Partner Einblicke in die eigenen Unsicherheiten zu gewähren [s80]. Dies erfordert Mut, denn es birgt das Risiko, zurückgewiesen oder verletzt zu werden. Doch gerade durch das Teilen von Schwächen entsteht Nähe und Verbundenheit. So wie Wärme und Freundlichkeit in therapeutischen Beziehungen Vertrauen schaffen [s81], fördert auch in der Partnerschaft ein einfühlsames und respektvolles Miteinander den Aufbau von Vertrauen. Aktives Zuhören, ohne zu bewerten oder Lösungen präsentieren zu wollen, signalisiert dem Partner, dass seine Gefühle ernst genommen werden [s82]. Pro-beziehungsorientiertes Verhalten, also Handlungen, die die Beziehung stärken, festigt das Vertrauen und vermittelt Sicherheit [s80]. Ein offener Umgang mit den eigenen Gefühlen, gepaart mit der Bereitschaft, die Perspektive des Partners zu verstehen, schafft eine Atmosphäre der Akzeptanz. So kann beispielsweise ein Partner, der sich in stressigen Situationen zurückzieht, dem anderen mitteilen, dass er dies nicht aus Desinteresse tut, sondern um sich zu sammeln und anschließend wieder präsent sein zu können. Gleichzeitig kann der Partner, der Nähe sucht, seine Bedürfnisse formulieren, ohne dem anderen Vorwürfe zu machen. Diese Klarheit in der Kommunikation hilft, Missverständnisse zu vermeiden und Verletzungen vorzubeugen. Ein konstruktiver Umgang mit Vertrauensbrüchen ist ebenfalls wichtig für den langfristigen Aufbau von Vertrauen [s80]. Anstatt in Schuldzuweisungen oder Vergeltungsmaßnahmen zu verfallen, sollten Paare gemeinsam die Ursachen des Bruchs analysieren und Strategien entwickeln, um zukünftig ähnliche Situationen zu vermeiden. Vertrauen ist ein Prozess, der Zeit und kontinuierliche Bemühungen erfordert. Je mehr positive Erfahrungen Paare in Bezug auf Verletzlichkeit und Vertrauen machen, desto stärker wird ihre Bindung und desto besser können sie gemeinsam Ängste bewältigen. Die Fähigkeit, sich auch in schwierigen

Zeiten aufeinander verlassen zu können, stärkt die Resilienz der Partnerschaft und fördert das individuelle Wohlbefinden beider Partner.

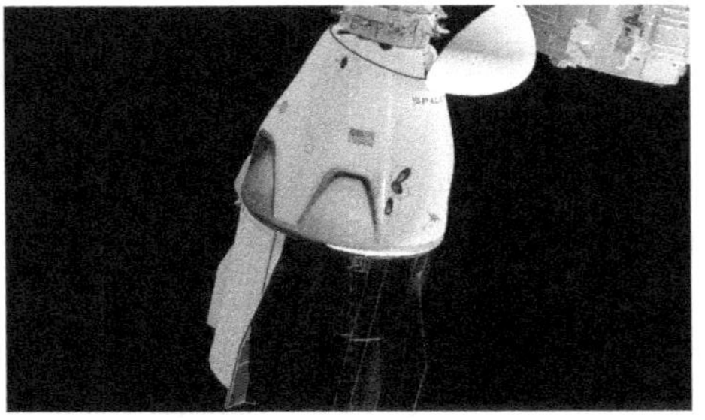

Resilienz [i31]

Gut zu wissen

Pro-beziehungsorientiertes Verhalten

Handlungen, die die Partnerschaft aktiv fördern und stärken, wie z.B. Wertschätzung zeigen, Kompromisse eingehen und gemeinsame Ziele verfolgen. Dieses Verhalten kann Ängste reduzieren, indem es Sicherheit und Geborgenheit in der Beziehung schafft.

Resilienz

Die Fähigkeit, sich von Rückschlägen zu erholen und gestärkt aus Krisen hervorzugehen. In einer Partnerschaft hilft Resilienz, mit Herausforderungen umzugehen und die Beziehung trotz Schwierigkeiten aufrechtzuerhalten. Sie trägt dazu bei, Ängste in der Partnerschaft zu überwinden und ein stabiles Fundament für die Zukunft zu schaffen.

Verletzlichkeit

Sich verletzlich zeigen bedeutet, die eigenen Schwächen und Unsicherheiten in der Partnerschaft zu offenbaren und damit emotionale Risiken einzugehen, um Nähe und Vertrauen aufzubauen. Dies kann dazu beitragen, Ängste vor Ablehnung zu überwinden und die Beziehung zu stärken.

Korrelation zwischen Verletzlichkeit und Vertrauen

Positive Korrelation zwischen Verletzlichkeit und Vertrauen in einer Beziehung.

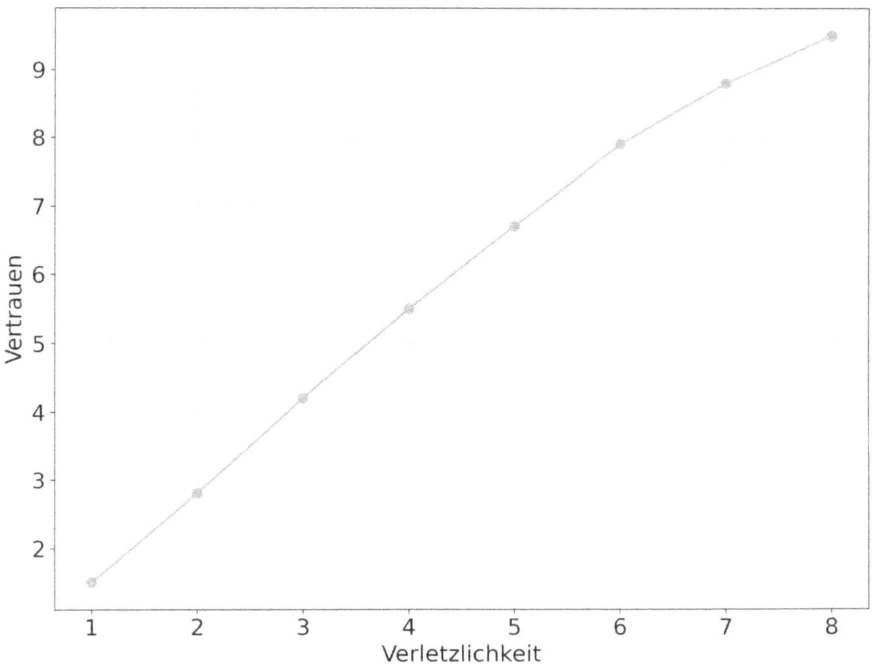

Die Grafik veranschaulicht eine positive Korrelation zwischen Verletzlichkeit und Vertrauen. Wenn Individuen bereitwilliger sind, verletzlich zu sein und sich selbst offenzulegen, steigt tendenziell das Vertrauensniveau in der Beziehung. Dies deutet darauf hin, dass das Öffnen und Teilen persönlicher Gedanken und Gefühle eine stärkere Bindung und tiefere Verbindung fördern kann. Die Beziehung ist jedoch nicht perfekt linear, was darauf hindeutet, dass auch andere Faktoren die Vertrauensentwicklung beeinflussen.

Konkrete Ratschläge

- Vergegenwärtigen Sie sich Ihre Ressourcen und Stärken außerhalb der Partnerschaft, um sich Ihrer Unabhängigkeit bewusst zu werden.
- Entwickeln Sie Rituale der Selbstfürsorge, die Ihnen helfen, Ihre Ängste zu regulieren, ohne dabei vom Partner abhängig zu sein.
- Üben Sie sich in der Akzeptanz Ihrer Ängste als Teil Ihrer Persönlichkeit, anstatt sie als Schwäche zu betrachten, die Sie vor Ihrem Partner verbergen müssen.
- Betrachten Sie die Partnerschaft als einen Raum für gemeinsames Wachstum, in dem Ängste offen thematisiert und gemeinsam bearbeitet werden können.
- Definieren Sie gemeinsam mit Ihrem Partner klare Grenzen, um zu vermeiden, dass die Ängste des einen die Bedürfnisse des anderen überlagern.
- Entwickeln Sie ein gemeinsames "Angst-Barometer", um nonverbal die aktuelle Angstintensität mitzuteilen und aufeinander einzugehen.
- Schaffen Sie einen symbolischen "Angst-Freiraum" in Ihrer Wohnung, in dem Ängste ausgedrückt und bearbeitet werden dürfen, ohne den anderen zu belasten.
- Vereinbaren Sie regelmäßige "Angst-Gespräche" in einem entspannten Setting, um Ängste offen zu kommunizieren und gemeinsam Lösungen zu finden.
- Nutzen Sie kreative Methoden wie gemeinsames Malen oder Schreiben, um Ängste auszudrücken und neue Perspektiven zu entwickeln.

4. 3 Soziale Ängste im Alltag überwinden

Soziale Ängste im Alltag schränken Beziehungen und Lebensqualität erheblich ein. Sie betreffen viele Bereiche, von der Arbeit über Freundschaften bis hin zu alltäglichen Erledigungen. Dieses Kapitel untersucht die Ursachen und Auswirkungen von sozialen Ängsten und beleuchtet, wie diese Ängste den Alltag erschweren können. Wir betrachten die Herausforderungen im Umgang mit Unsicherheit, negativen Gedanken und der Angst vor Bewertung in sozialen Situationen. Dabei geht es nicht nur um das Verstehen der zugrundeliegenden Mechanismen, sondern auch um die Entwicklung von Strategien für einen angstfreieren Umgang mit sozialen Interaktionen. Lernen Sie, soziale Situationen wieder als Chance statt als Bedrohung wahrzunehmen und Ihr volles Potenzial zu entfalten.

Die Überwindung sozialer Ängste ist ein Prozess, der sowohl die Veränderung von Gedanken als auch von Verhalten erfordert.

Strategien für angstfreiere soziale Interaktionen

Angstfreiere soziale Interaktionen lassen sich durch verschiedene Strategien erreichen. Ein wichtiger Schritt ist die Auseinandersetzung mit den eigenen Ängsten und Gedankenmustern. Kognitive Verhaltenstherapie (kvt) bietet hier einen strukturierten Ansatz [s15]. Sie hilft, negative Gedanken, die soziale Situationen begleiten, zu identifizieren und durch realistischere Bewertungen zu ersetzen. So kann die Angst vor negativer Beurteilung durch andere reduziert werden [s3]. KVT beinhaltet auch die schrittweise Konfrontation mit angstauslösenden Situationen, die sogenannte expositionstherapie [s15]. Beginnend mit weniger beängstigenden Situationen, wird die Angst durch wiederholte Erfahrung reduziert und das Selbstvertrauen gestärkt. Eine weitere Methode ist die Akzeptanz- und Commitment-Therapie (ACT) [s15]. Hier liegt der Fokus auf der Akzeptanz von Angst und Unbehagen, ohne sich von diesen Gefühlen kontrollieren zu lassen. Stattdessen konzentriert man sich auf persönliche Werte und Ziele. Unterstützungsgruppen bieten einen geschützten Rahmen, um Erfahrungen auszutauschen und von anderen Betroffenen zu lernen [s15]. Der Austausch kann helfen, verzerrte Wahrnehmungen über soziale Situationen zu korrigieren. Neben diesen therapeutischen

Ansätzen gibt es weitere Strategien, die soziale Interaktionen erleichtern. Regelmäßige Kommunikation mit Familie und Freunden stärkt soziale Bindungen und reduziert das Gefühl der Isolation [s83]. Gemeinsame Aktivitäten, Hobbys oder die Teilnahme an Gemeinschaftsaktionen bieten Möglichkeiten, neue Kontakte zu knüpfen und soziale Fähigkeiten zu trainieren [s83]. Ein gesunder Lebensstil mit ausreichend Schlaf, Bewegung und ausgewogener Ernährung trägt ebenfalls zum allgemeinen Wohlbefinden bei und kann Angstsymptome lindern [s15] [s84]. Entspannungstechniken wie Achtsamkeitsübungen oder das Führen eines Tagebuchs können helfen, Stress zu bewältigen und die

Selbstwahrnehmung zu verbessern [s84]. Sollten Sie beispielsweise Schwierigkeiten haben, Gespräche zu beginnen, können Sie sich vorbereiten, indem Sie mögliche Gesprächsthemen notieren. Dies reduziert die Angst vor Sprachlosigkeit und erhöht die Sicherheit im Umgang mit anderen.

Entspannungstechniken [i32]

Wirksamkeit von Konfrontationsübungen bei sozialer Angst

Selbstberichtete Angstreduktion nach verschiedenen Übungen

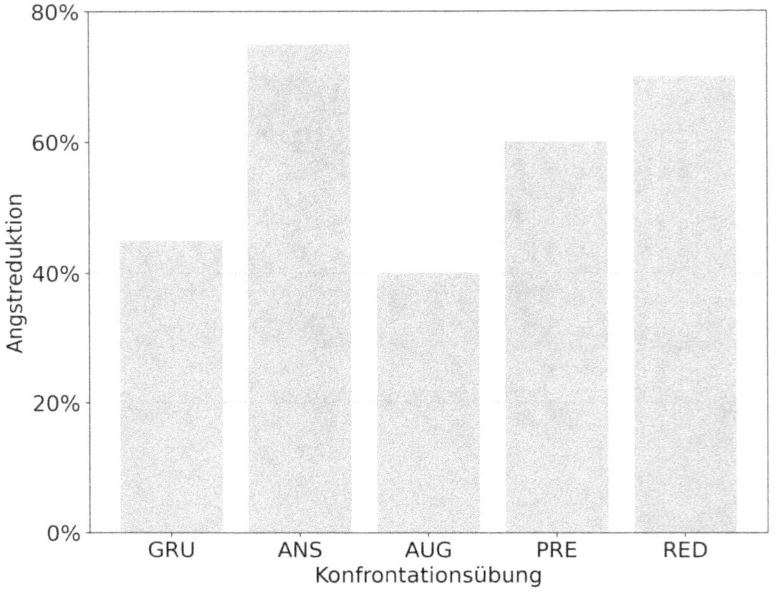

ANS: Gespräche mit Fremden anfangen
AUG: Augenkontakt halten
GRU: Gruppengesprächen beitreten
PRE: Präsentationen halten
RED: Reden vor Publikum (improvisiert)

Die Daten deuten darauf hin, dass die Aufnahme von Gesprächen mit Fremden und das Reden vor Publikum die größte Reduktion der Angstwerte nach dem Üben der jeweiligen Übungen zeigen. Während auch Präsentationen positive Ergebnisse liefern, erscheinen sie etwas weniger effektiv als die beiden erstgenannten. Augenkontakt halten und sich Gruppengesprächen anschließen, obwohl hilfreich, zeigen eine vergleichsweise geringere Auswirkung auf die Angstreduktion. Dies könnte darauf hindeuten, dass diese Übungen entweder weniger wirksam sind oder eine längere Übungszeit benötigen, um vergleichbare Ergebnisse zu erzielen. Insgesamt unterstützen die Daten die Wirksamkeit von Konfrontationsübungen bei der Bewältigung von sozialer Angst, mit unterschiedlichem Wirkungsgrad je nach Übung.

Selbstwertgefühl stärken bei sozialen Ängsten

Ein gesundes Selbstwertgefühl ist für die Bewältigung sozialer Ängste unerlässlich. Kognitive Interventionstechniken, wie die kognitive_umstrukturierung, helfen, hinderliche Denkmuster zu erkennen und zu verändern [s3]. Anstatt sich auf potenzielle negative Bewertungen zu konzentrieren, lernt man, die Situation realistischer einzuschätzen und den Fokus auf positive Aspekte zu lenken. Verhaltensexperimente bieten die Möglichkeit, negative Überzeugungen über soziale Interaktionen zu überprüfen [s3]. Indem man sich schrittweise angstbesetzten Situationen aussetzt, sammelt man positive Erfahrungen und stärkt so das Vertrauen in die eigenen Fähigkeiten. Die Kombination kognitiver und verhaltenstherapeutischer Methoden ermöglicht eine ganzheitliche Stärkung des Selbstwertgefühls, da sowohl Gedanken als auch Handlungen in sozialen Situationen berücksichtigt werden [s3]. Ein starkes Selbstwertgefühl wirkt als Schutzfaktor gegen psychische Probleme und verbessert die Fähigkeit, mit sozialen Ängsten umzugehen [s85]. Es beeinflusst, wie man mit Herausforderungen umgeht und wie widerstandsfähig man gegenüber Rückschlägen ist. Resilienz und Selbstwertgefühl bedingen sich gegenseitig und sind für die Überwindung sozialer Ängste relevant [s85]. Soziale Unterstützung spielt ebenfalls eine wichtige Rolle, da sie das Selbstwertgefühl positiv beeinflusst und somit zu einer besseren psychischen Gesundheit beiträgt [s85]. Ein stabiles soziales Netzwerk kann beispielsweise durch regelmäßige Treffen mit Freunden und Familie aufgebaut werden. Dabei ist es hilfreich, sich auf positive Interaktionen zu konzentrieren und gemeinsame Aktivitäten zu unternehmen. Auch der Umgang mit sozialen Medien kann das Selbstwertgefühl beeinflussen [s86]. Anstatt sich auf Likes und Kommentare zu fixieren, sollte der Fokus auf positive Online-Erfahrungen, wie den Austausch mit Gleichgesinnten oder die Teilnahme an unterstützenden Online-

Gemeinschaften, gelegt werden. Wer unter sozialer Angst leidet, verbringt oft weniger Zeit mit vertrauten Personen, was sich negativ auf das Selbstwertgefühl auswirken kann [s87]. Der Aufbau enger Beziehungen und die aktive Suche nach sozialer Unterstützung sind daher wichtig, um positive Emotionen zu fördern und das Selbstwertgefühl zu stärken. Die Vermeidung von Grübeleien über vergangene soziale Interaktionen (post-eventuelle Rumination) ist ebenfalls entscheidend [s16]. Stattdessen sollte man sich auf positive Aspekte konzentrieren und aus gemachten Erfahrungen lernen, um das Selbstwertgefühl langfristig zu stabilisieren. Die bewusste Auseinandersetzung mit den eigenen Erwartungen an soziale Situationen und die Formulierung realistischer Ziele tragen dazu bei, das Selbstwertgefühl zu festigen und die Angst vor negativen Konsequenzen zu reduzieren [s16].

Gut zu wissen

Kognitive Interventionstechniken

Methoden, die darauf abzielen, negative Gedankenmuster und Verhaltensweisen zu verändern, um Ängste zu reduzieren und die psychische Gesundheit zu verbessern. Sie helfen, die Wahrnehmung und Interpretation sozialer Situationen zu verändern und positive Bewältigungsstrategien zu entwickeln.

Post-eventuelle Rumination

Das zwanghafte Nachdenken über vergangene soziale Interaktionen, oft begleitet von negativen Gedanken und Selbstkritik. Diese Grübeleien können das Selbstwertgefühl beeinträchtigen und soziale Ängste verstärken. Das Vermeiden oder Unterbrechen dieser Gedankenspiralen ist wichtig für die Bewältigung sozialer Ängste.

Effektive Selbstwertinterventionen bei sozialer Angst
Verteilung effektiver Selbstwertinterventionen zur Überwindung sozialer Angst.

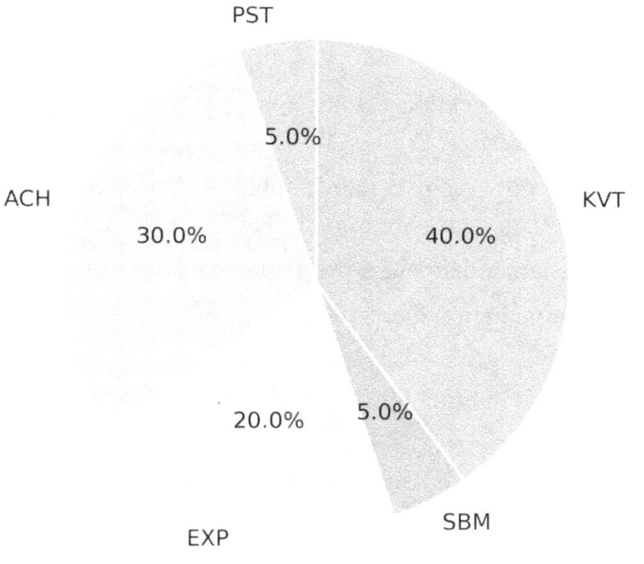

ACH: Achtsamkeitspraktiken
EXP: Expositionstherapie
KVT: Kognitive Verhaltenstherapie (KVT)
PST: Positive Selbstgespräche
SBM: Selbstmitgefühl

Die kognitive Verhaltenstherapie (KVT) stellt den größten Anteil dar und unterstreicht ihre Wirksamkeit bei der Behandlung negativer Gedankenmuster und Verhaltensweisen, die mit sozialer Angst verbunden sind. Achtsamkeitspraktiken tragen wesentlich dazu bei, was den Wert der gegenwärtigen Momentwahrnehmung bei der Bewältigung von Angstzuständen verdeutlicht. Die Expositionstherapie spielt eine entscheidende Rolle bei der schrittweisen Konfrontation mit gefürchteten sozialen Situationen. Selbstmitgefühl und positive Selbstgespräche sind zwar kleinere Komponenten, aber dennoch wichtige unterstützende Elemente beim Aufbau von Selbstwertgefühl und der Reduzierung sozialer Angst. Diese Verteilung legt nahe, dass ein vielschichtiger Ansatz, der evidenzbasierte Therapien mit Selbsthilfetechniken kombiniert, am effektivsten zur Überwindung sozialer Angst ist.

Konkrete Ratschläge

- Verbinden Sie sich mit Ihrem Körper: Spüren Sie Ihre Füße fest auf dem Boden und atmen Sie tief in den Bauch.
- Lächeln Sie sich im Spiegel an und sagen Sie sich: "Ich bin wertvoll und liebenswert."
- Suchen Sie den Blickkontakt mit einer freundlichen Person und halten Sie ihn kurz.
- Sprechen Sie mit einem Verkäufer über ein Produkt, das Sie interessiert, auch wenn Sie es nicht kaufen wollen.
- Machen Sie jemandem ein ernst gemeintes Kompliment.
- Bitten Sie jemanden um einen kleinen Gefallen, zum Beispiel nach dem Weg.
- Stellen Sie sich in einer Gruppe an der Kasse in der Mitte an, statt am Rand.
- Nehmen Sie an einem Kurs teil, der Sie interessiert, auch wenn Sie niemanden kennen.
- Melden Sie sich freiwillig für eine Aufgabe, die Ihnen die Möglichkeit gibt, mit anderen Menschen zu interagieren.
- Gehen Sie an einen öffentlichen Ort und lesen Sie dort ein Buch oder eine Zeitung.
- Setzen Sie sich in einem Café an einen Tisch mit anderen Menschen, auch wenn Sie alleine sind.
- Sprechen Sie jemanden in einer Warteschlange an und beginnen Sie ein unverfängliches Gespräch.
- Besuchen Sie eine Veranstaltung, die Sie interessiert, auch wenn Sie alleine hingehen.

Rückblick - 4. Ängste in sozialen Beziehungen

Soziale Ängste können sich wie unsichtbare Mauern anfühlen, die Sie von erfüllenden Beziehungen trennen. Sie entstehen oft aus frühen Erfahrungen, prägen Ihre Wahrnehmung von Nähe und Distanz und beeinflussen maßgeblich Ihr Verhalten in sozialen Interaktionen. Doch diese Mauern sind nicht unüberwindbar. Der erste Schritt zur Veränderung liegt im Verstehen der eigenen Ängste: Reflektieren Sie, welche Situationen Ihnen Unbehagen bereiten, welche Gedanken und Gefühle damit verbunden sind und wie sich diese auf Ihr Verhalten auswirken. Diese Selbstreflexion ermöglicht es Ihnen, die Dynamik Ihrer Ängste zu durchschauen und den Grundstein für eine positive Veränderung zu legen.

Um Ihre Ängste aktiv zu bewältigen, können Sie verschiedene Strategien anwenden. Beginnen Sie damit, negative Gedankenmuster zu identifizieren und zu hinterfragen. Statt beispielsweise zu denken "Alle werden mich ablehnen", versuchen Sie, die Situation realistischer einzuschätzen: "Es ist möglich, dass manche Menschen mich sympathisch finden, andere nicht. Das ist normal und sagt nichts über meinen Wert als Person aus." Ergänzend dazu können Sie sich schrittweise angstbesetzten Situationen aussetzen. Fangen Sie mit kleinen Schritten an, wie etwa einem kurzen Gespräch mit einer Verkäuferin und steigern Sie die Schwierigkeit allmählich. Je mehr positive Erfahrungen Sie sammeln, desto mehr wird Ihr Selbstvertrauen wachsen und die Angst an Macht verlieren.

In Beziehungen spielen Kommunikation und der Umgang mit Verletzlichkeit eine entscheidende Rolle. Sprechen Sie offen mit Ihrem Partner über Ihre Ängste und Bedürfnisse. Vermeiden Sie dabei Schuldzuweisungen und konzentrieren Sie sich auf Ich-Botschaften, um Ihre Gefühle auszudrücken, ohne den anderen zu attackieren. Gleichzeitig ist es wichtig, Ihrem Partner aktiv zuzuhören und seine Perspektive zu verstehen. Eine vertrauensvolle Beziehung entsteht durch gegenseitige Wertschätzung, Respekt und die Bereitschaft, sich emotional zu öffnen. Seien Sie geduldig mit sich und Ihrem Partner – der Aufbau von Vertrauen braucht Zeit und kontinuierliche Bemühungen.

Herausforderungen sind auf diesem Weg unvermeidlich. Sie könnten beispielsweise feststellen, dass es Ihnen schwerfällt, über Ihre Ängste zu sprechen, oder dass alte Verhaltensmuster immer wiederkehren. Geben Sie nicht auf! Betrachten Sie Rückschläge als Teil des Prozesses und nutzen Sie sie als Gelegenheit, dazuzulernen. Scheuen Sie sich nicht, professionelle Unterstützung in Anspruch zu nehmen, wenn Sie das Gefühl haben, alleine nicht weiterzukommen. Ein Therapeut kann Ihnen dabei helfen, die Ursachen Ihrer Ängste zu erforschen, dysfunktionale Beziehungsmuster zu erkennen und neue, gesündere Verhaltensweisen zu entwickeln. Die Überwindung sozialer Ängste ist ein Prozess, der Mut und Engagement erfordert. Doch die Belohnung ist ein erfüllteres Leben mit authentischen und vertrauensvollen Beziehungen. Sie haben die Kraft, diese Veränderung zu schaffen!

5. Langfristige Bewältigung von Ängsten und Sorgen

Wie oft haben Sie sich gefragt, ob die Freiheit von Ängsten tatsächlich dauerhaft sein kann? Der Weg zur langfristigen Bewältigung gleicht einer Reise, bei der jeder Schritt vorwärts das Fundament für den nächsten bildet. Was zunächst als Bewältigungsstrategie beginnt, entwickelt sich mit der Zeit zu einer natürlichen Haltung, die das tägliche Leben durchdringt und verändert. Die erworbenen Werkzeuge werden nicht nur zur Abwehr von Bedrohungen eingesetzt, sondern öffnen Türen zu neuen Möglichkeiten und ungeahnten Perspektiven. In diesem Kapitel entdecken Sie, wie aus dem Kampf gegen die Angst ein Weg zu tieferem Selbstverständnis und persönlicher Entfaltung werden kann.

5. 1 Rückfallprävention bei Angststörungen

Rückfallprävention ist zentral für den langfristigen Erfolg bei der Bewältigung von Angststörungen. Sie umfasst das frühzeitige Erkennen individueller Warnsignale – emotionaler, mentaler und physischer Natur – und das rechtzeitige Gegensteuern. Dies erfordert ein tiefes Verständnis der eigenen Angstmuster und den gezielten Einsatz erlernter Bewältigungsstrategien. Ein wichtiger Aspekt ist die Unterscheidung zwischen den verschiedenen Rückfallstadien und die Entwicklung eines individuellen Notfallplans. Dieser beinhaltet sowohl kurzfristige Maßnahmen zur Bewältigung akuter Angstsymptome als auch langfristige Strategien zur Stabilisierung und Selbstfürsorge. Die aktive Auseinandersetzung mit diesen Themen ebnet den Weg zu nachhaltiger Angstfreiheit und verbesserter Lebensqualität. Lesen Sie weiter, um konkrete Strategien und Werkzeuge für Ihre persönliche Rückfallprävention zu entdecken.

Rückfallprävention bei Angststörungen ist ein kontinuierlicher Prozess, der frühzeitiges Erkennen von Warnsignalen, den Einsatz erlernter Bewältigungsstrategien und die kontinuierliche Selbstfürsorge umfasst, um emotionale, mentale und physische Rückfälle zu vermeiden.

Frühwarnzeichen erkennen und gegensteuern

Der erste Schritt zur erfolgreichen Rückfallprävention bei Angststörungen besteht darin, die individuellen Frühwarnzeichen zu identifizieren. Diese Signale, die einem erneuten Auftreten der Angstsymptome vorausgehen, können subtil und unterschiedlich sein. Sie reichen von Veränderungen im emotionalen Erleben, wie zunehmende Reizbarkeit oder anhaltende Niedergeschlagenheit, bis hin zu körperlichen Anzeichen wie Schlafstörungen oder Appetitlosigkeit. Auch Verhaltensänderungen, etwa sozialer Rückzug oder vermehrter Konsum von Genussmitteln, können auf einen drohenden Rückfall hindeuten [s88]. Die psychoedukation spielt hier eine entscheidende Rolle, da sie das Verständnis für die individuellen Symptome und deren Ursachen fördert [s89]. Durch das Wissen um die persönlichen Frühwarnzeichen wird es möglich, rechtzeitig gegensteuernde Maßnahmen zu ergreifen. Ein wichtiger Aspekt der Rückfallprävention ist die Unterscheidung zwischen emotionalen, mentalen und physischen Rückfällen [s88]. Emotionale Rückfälle, gekennzeichnet durch schlechtes Selbstmanagement wie das Unterdrücken von Gefühlen oder Isolation, sind oft die ersten Anzeichen. Werden diese Signale nicht erkannt und adäquat bearbeitet, können sie zu mentalen Rückfällen führen. Diese äußern sich in negativen Gedankenmustern und Grübeln, die wiederum die Angstsymptome verstärken. Schließlich kann es zum physischen Rückfall mit dem vollen Ausbruch der Angststörung kommen. Um diesen Prozess zu unterbrechen, ist es wichtig, bereits auf der emotionalen Ebene einzugreifen. Dies kann durch den Einsatz von erlernten Bewältigungsstrategien wie Entspannungstechniken oder kognitiver Therapie geschehen [s88]. Ähnlich einer Brandschutzübung, bei der im Ernstfall automatisiert die richtigen Handlungen abgerufen werden, sollten auch bei ersten Anzeichen eines emotionalen Rückfalls direkt die eingeübten Strategien angewendet werden. So kann ein Übergreifen auf die mentale und schließlich die physische Ebene verhindert werden. Neben individuellen Bewältigungsstrategien ist auch die Einbeziehung des sozialen Umfelds hilfreich. Informierte Angehörige können unterstützend wirken, indem sie Frühwarnzeichen mitbekommen und den Betroffenen ermutigen, die erlernten Strategien anzuwenden [s89]. Die kontinuierliche Selbstfürsorge mit regelmäßigen Lebensgewohnheiten, ausreichend Schlaf und einer ausgewogenen Ernährung trägt ebenfalls dazu bei, die Vulnerabilität für Rückfälle zu reduzieren [s88] [s89].

Sozialer Rückzug [i33]

Frühwarnzeichen eines Angst-Rückfalls

Häufigkeit der Frühwarnzeichen.

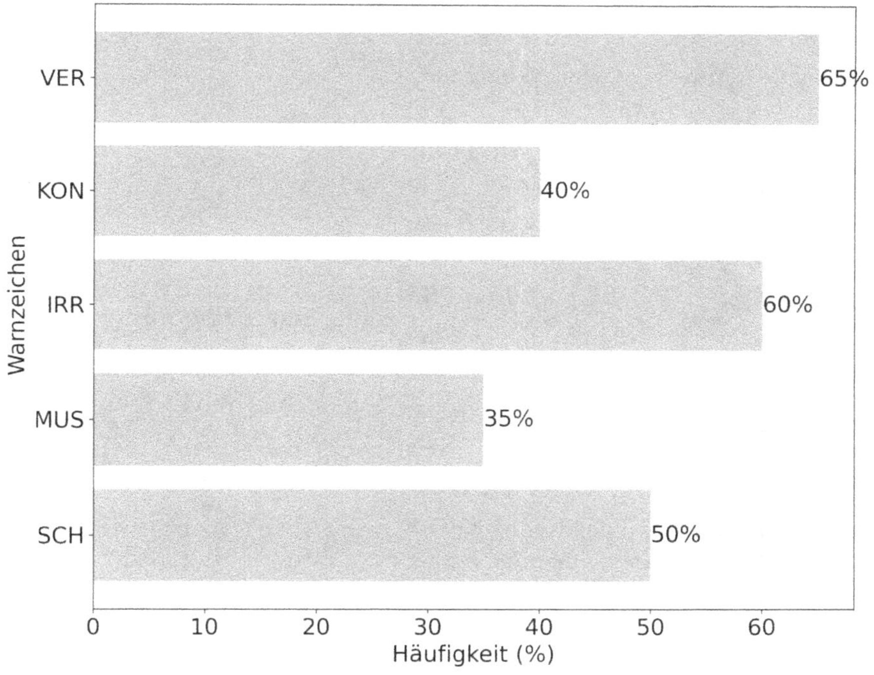

IRR: Reizbarkeit
KON: Konzentrationsschwierigkeiten
MUS: Muskelverspannung
SCH: Schlafstörungen
VER: Vermeidung

Das Diagramm hebt die relative Häufigkeit verschiedener Frühwarnzeichen hervor und zeigt, dass Schlafstörungen und Reizbarkeit am häufigsten auftreten, gefolgt von Vermeidung, Muskelverspannung und Konzentrationsschwierigkeiten. Dies deutet darauf hin, dass diese Bereiche in Strategien zur Rückfallprävention priorisiert werden sollten.

Notfallplan bei wiederkehrenden panikattacken

Erste-Hilfe-Kasten [i34]

Rauchmelder [i35]

Ein gut strukturierter Notfallplan bietet Menschen mit Panikstörung einen Leitfaden für den Umgang mit wiederkehrenden Panikattacken und kann dazu beitragen, die Kontrolle zurückzuerlangen [s90]. Dieser Plan sollte individuell auf die Bedürfnisse des Betroffenen zugeschnitten sein und konkrete Handlungsschritte für verschiedene Phasen einer Panikattacke enthalten. So kann der Plan beispielsweise Anweisungen zur frühzeitigen Identifikation von Vorboten einer Panikattacke beinhalten, zu vergleichen mit einem Rauchmelder, der bereits bei geringster Rauchentwicklung Alarm schlägt. Diese frühen Anzeichen können – wie bereits im vorherigen Abschnitt erläutert – subtil sein und von Person zu Person variieren. Der Plan sollte daher auch Strategien zur Bewältigung akuter Angstsymptome umfassen. Atemübungen, die in der kognitiven Verhaltenstherapie (KVT) erlernt wurden, können hier eine wichtige Rolle spielen [s3]. Durch bewusstes, tiefes und langsames Atmen kann die körperliche Erregung reduziert und ein Gefühl der Ruhe gefördert werden. Darüber hinaus können im Notfallplan auch Techniken zur kognitiven Umstrukturierung verankert werden. Diese helfen dabei, negative und angstbesetzte Gedanken zu hinterfragen und durch realistischere und hilfreichere Gedanken zu ersetzen [s3]. Ein solcher Plan könnte beispielsweise eine Liste mit individuellen "Notfallgedanken" enthalten, die in akuten Angstsituationen abgerufen werden können. Nicht zuletzt sollte der Notfallplan auch langfristige Strategien zur Stabilisierung und Rückfallprävention beinhalten. Dazu gehören die regelmäßige Anwendung der in der KVT erlernten Fähigkeiten und die Fortführung von Achtsamkeitsübungen, die dazu beitragen, emotionale Reaktionen auf Panikattacken zu regulieren [s3]. Die hohen Rückfallraten bei Angststörungen unterstreichen die Bedeutung eines solchen Notfallplans, der den Betroffenen dabei unterstützt, auch nach erfolgreicher Therapie die erworbenen Kompetenzen aufrechtzuerhalten und im Bedarfsfall abzurufen [s91] [s90]. Ähnlich einem Erste-Hilfe-Kasten bietet der Notfallplan schnelle und wirksame Hilfestellung in Krisensituationen und trägt dazu bei, die Angst zu kontrollieren und die Lebensqualität zu verbessern.

Wirksamkeit des Notfallplans bei Panikattacken

Verteilung der Bewältigungsstrategien bei Panikattacken.

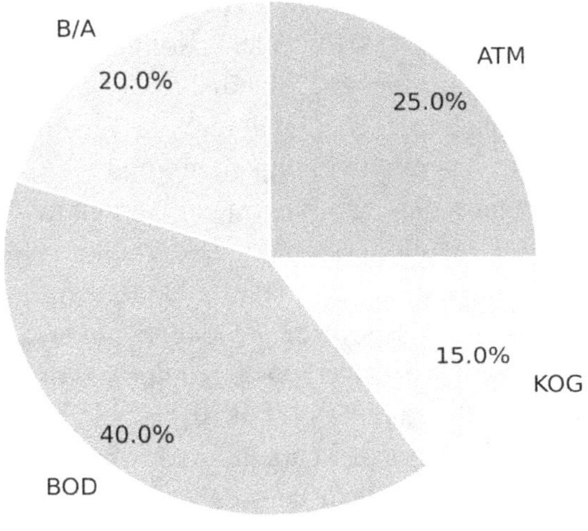

ATM: Atemübungen

B/A: Bodenanker & Atmung kombiniert

BOD: Bodentechniken (5 Sinne)

KOG: Kognitive Umstrukturierung

Die Visualisierung zeigt die relative Wirksamkeit verschiedener Bewältigungsstrategien während einer Panikattacke. Erdungstechniken scheinen die effektivste Einzelstrategie zu sein, was darauf hindeutet, dass die Konzentration auf die gegenwärtige Sinneserfahrung die Panikbewältigung erheblich unterstützen kann. Atemübungen sind zwar hilfreich, aber ihre geringere Erfolgsquote im Vergleich zur Erdung deutet darauf hin, dass sie in Kombination mit anderen Strategien effektiver sein könnten. Kognitive Umstrukturierung ist zwar wertvoll, hat aber eine geringere Erfolgsquote, was darauf hindeutet, dass sie eine längerfristige Strategie sein könnte oder mehr Übung erfordert, um während einer akuten Panik effektiv umgesetzt zu werden. Der kombinierte Erfolg von Erdungs- und Atemtechniken unterstreicht die Bedeutung der Berücksichtigung sowohl der physischen als auch der mentalen Aspekte einer Panikattacke. Diese Daten legen nahe, dass die Konzentration auf Erdung und deren Kombination mit Atemübungen für viele Personen der effektivste Ansatz sein könnte.

Aufrechterhaltung therapeutischer Erfolge

Die Konsolidierung therapeutischer Fortschritte bei Angststörungen erfordert kontinuierliches Engagement und gezielte Strategien, die über den Behandlungszeitraum hinausgehen. Ein wichtiger Aspekt ist die Akzeptanz, dass vermeidungsverhalten – obwohl im Allgemeinen als negativ bewertet – auch positive Effekte haben kann [s4]. Kontrolliertes Vermeidungsverhalten, wie der Einsatz von Sicherheitsstrategien in der Anfangsphase der expositionstherapie, kann das Gefühl der Selbstwirksamkeit stärken und so den Therapieerfolg fördern, ohne die Behandlung negativ zu beeinflussen [s4]. Gleichzeitig ist es unerlässlich, langfristig auf ein ausgewogenes Verhältnis zwischen Konfrontation und Vermeidung hinzuarbeiten, um ein Übermaß an Sicherheitsverhalten zu verhindern. Die "Fünf Regeln der Genesung" bieten einen weiteren Rahmen für die langfristige Stabilisierung [s88]. Diese Regeln umfassen die aktive Gestaltung des eigenen Lebens, absolute Ehrlichkeit sich selbst und anderen gegenüber, die Bereitschaft, sich Unterstützung zu suchen, kontinuierliche Selbstfürsorge und die konsequente Einhaltung der erlernten Strategien [s88]. Gerade die Selbstfürsorge ist entscheidend, da Vernachlässigung in diesem Bereich oft zu emotionalem Ungleichgewicht führt, welches die Anfälligkeit für Rückfälle erhöht [s88]. Ein konkreter

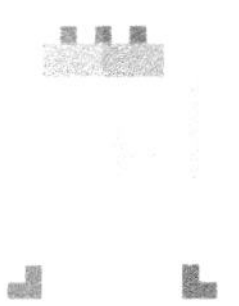

Selbsthilfeplan könnte feste Zeiten für entspannende Aktivitäten, wie ein wöchentlicher Yoga-Kurs oder regelmäßige Spaziergänge in der Natur, beinhalten. Darüber hinaus ist es hilfreich, bereits während der Therapie mögliche Schwierigkeiten und Herausforderungen in der Stabilisierungsphase zu antizipieren und gemeinsam mit dem Therapeuten Lösungsansätze zu entwickeln [s88]. Dies beinhaltet die Schulung von Bewältigungsstrategien für potenzielle Rückfallsituationen und die Erarbeitung eines individuellen Notfallplans. Die Integration von achtsamkeitsuebungen kann die Fähigkeit zur kognitiven Kontrolle weiter stärken und so dazu beitragen, automatische Reaktionsmuster zu unterbrechen und langfristig gesunde Gewohnheiten zu etablieren [s60]. So wird ein Fundament geschaffen, auf dem die erreichten Therapieerfolge nachhaltig gesichert und ausgebaut werden können.

Zusammenhang zwischen Übungshäufigkeit und therapeutischer Stabilität

Eine höhere Übungshäufigkeit korreliert mit einer erhöhten therapeutischen Stabilität im Umgang mit Angstzuständen.

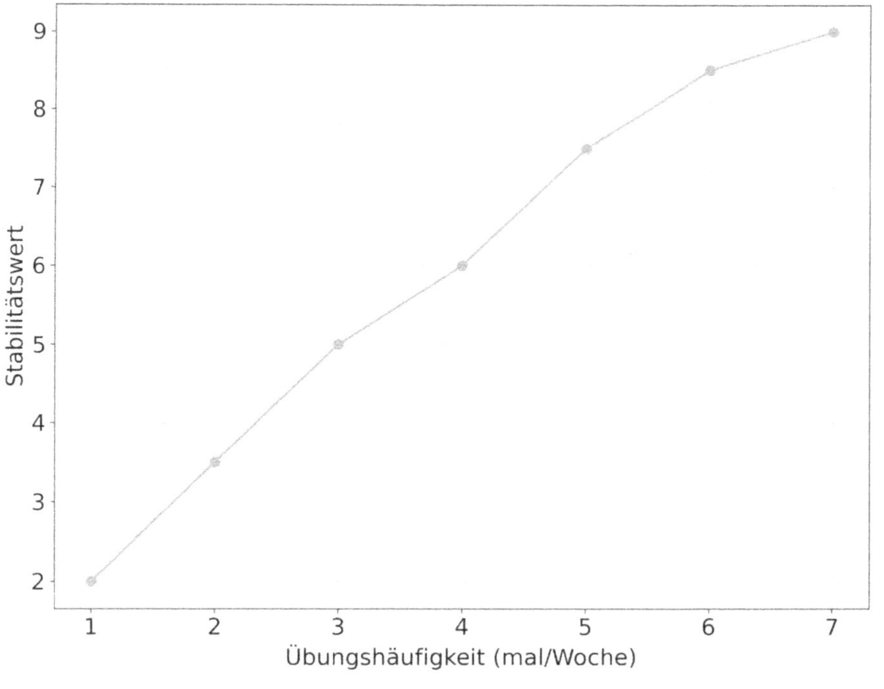

Die Daten legen eine positive Korrelation zwischen der Häufigkeit von Rückfallpräventionsübungen und der Stabilität des Therapieerfolgs nahe. Häufigeres Üben scheint zu einer geringeren Rückfallwahrscheinlichkeit zu führen, was die Bedeutung konsequenter Bemühungen zur Aufrechterhaltung des Fortschritts unterstreicht.

Konkrete Ratschläge

- Schaffen Sie sich einen persönlichen "Rückfall-Werkzeugkasten": Füllen Sie eine Schachtel mit Erinnerungsstücken an bewältigte Ängste, beruhigenden Düften und inspirierenden Zitaten.
- Entwickeln Sie Ihr persönliches Frühwarn-Ampelsystem: Definieren Sie klare Kriterien für Grün (Ruhe), Gelb (erste Anzeichen) und Rot (akute Angst) und verknüpfen Sie jede Stufe mit konkreten Handlungsanweisungen.
- Erstellen Sie eine "Sorgen-Schatzkarte": Zeichnen Sie einen Weg von der Angst zur Ruhe und markieren Sie Etappenziele mit persönlichen Kraftquellen und Bewältigungsstrategien.
- Verwandeln Sie Ihre Angst in eine Geschichte: Schreiben Sie auf, wie die Angst entsteht, was sie bewirken will und wie Sie sie überwinden.
- Inszenieren Sie einen inneren Dialog zwischen Ihrer Angst und Ihrem Mut: Lassen Sie beide Seiten ihre Argumente vortragen und finden Sie einen Kompromiss.
- Trainieren Sie Ihre "mentale Feuerwehr": Stellen Sie sich regelmäßig angstauslösende Situationen vor und üben Sie im Geiste Ihre Bewältigungsstrategien, um im Ernstfall schnell reagieren zu können.
- Entwickeln Sie ein "Angst-Resilienz-Training": Setzen Sie sich bewusst kleinen, kontrollierten Angstreizen aus, um Ihre Widerstandsfähigkeit zu stärken.
- Führen Sie ein "Angst-Erfolgstagebuch": Notieren Sie jede Situation, in der Sie Ihre Angst bewältigt haben und beschreiben Sie Ihre erfolgreichen Strategien.

5. 2 Integration von Angstbewältigungsstrategien

Langfristige Angstbewältigung erfordert mehr als nur das kurzfristige Lindern von Symptomen. Die Integration von Angstbewältigungsstrategien in den Alltag stellt eine Herausforderung dar, bietet aber gleichzeitig den Schlüssel zu einem angstfreieren Leben. Sie lernen, verschiedene Techniken anzuwenden, Ihre Gedankenmuster zu reflektieren und eine gesunde Balance zwischen Akzeptanz und Veränderung zu finden. Dieser Abschnitt beleuchtet die praktische Umsetzung von Entspannungstechniken, kognitiven Strategien und Achtsamkeit im täglichen Leben. Erfahren Sie, wie Sie diese Werkzeuge effektiv nutzen und nachhaltig in Ihren Alltag integrieren können, um Ängste langfristig zu bewältigen. Bereit für einen angstfreieren Alltag? Dann lesen Sie weiter.

Nachhaltige Angstbewältigung gelingt durch die Integration von Entspannungstechniken in den Alltag und die Entwicklung einer flexiblen Balance zwischen Angstakzeptanz und aktiver Veränderung der angstbezogenen Gedanken und Verhaltensweisen.

Verankerung von Entspannungstechniken im Alltag

Entspannungstechniken bieten effektive Werkzeuge zur Bewältigung von Angstzuständen. Um diese Strategien nachhaltig zu nutzen, ist ihre Integration in den Alltag entscheidend. Regelmäßiges Üben festigt die erlernten Fähigkeiten und verbessert die emotionale Regulation [s92]. Progressive Muskelentspannung, bei der einzelne Muskelgruppen gezielt angespannt und entspannt werden, kann so in kurze Übungseinheiten im Tagesablauf integriert werden. Auch Atemübungen lassen sich unauffällig in den Alltag einbauen, etwa während der Arbeitspause oder vor dem Schlafengehen. Diese Techniken helfen, körperliche Anspannung, die häufig mit Angst einhergeht, zu reduzieren und so die Symptome zu lindern [s92]. Die Selbstbeobachtung spielt dabei eine wichtige Rolle: Durch das Wahrnehmen von Angstsymptomen im Alltag können gezielt Entspannungstechniken eingesetzt werden. Intelligente Technologien bieten neue Möglichkeiten, Entspannungstechniken im Alltag zu verankern [s43]. Durch die Anpassung von Licht, Klang und Duft können entspannende Atmosphären geschaffen werden, die das Üben von Meditation oder autogenem Training unterstützen. So kann gedimmtes Licht und beruhigende Musik am Abend die Entspannung fördern. Tragbare Sensoren, die physiologische Signale wie Herzfrequenz und Hautleitfähigkeit messen, ermöglichen eine kontinuierliche Stressüberwachung. Auf Basis dieser Daten können personalisierte Entspannungsprogramme in Echtzeit angepasst werden. Die Kombination verschiedener Sinneseindrücke, wie visuelle, auditive und olfaktorische Reize, kann die Wirksamkeit der Entspannungstechniken zusätzlich verstärken [s43].

Neurofeedback-unterstützte Meditation bietet eine weitere Möglichkeit zur Integration von Entspannungstechniken [s93]. Durch das Feedback des Geräts lernt der Nutzer, seine Gehirnaktivität in Richtung Entspannung zu lenken. Dies kann besonders für Anfänger hilfreich sein, die Schwierigkeiten haben, ihre Meditationspraxis aufrechtzuerhalten. Das positive Feedback des Geräts kann die Motivation steigern und so die Integration der Meditation in den Alltag erleichtern [s93]. Die höhere Zufriedenheit mit solchen Geräten im Vergleich zu herkömmlicher Meditation deutet darauf hin, dass technologische Unterstützung die Akzeptanz und die regelmäßige Anwendung von Entspannungstechniken fördern kann [s93]. Das Feedback stärkt das Selbstbewusstsein und die Selbstregulation, wichtige Faktoren im Umgang mit Angst und Stress.

Neurofeedback [i36]

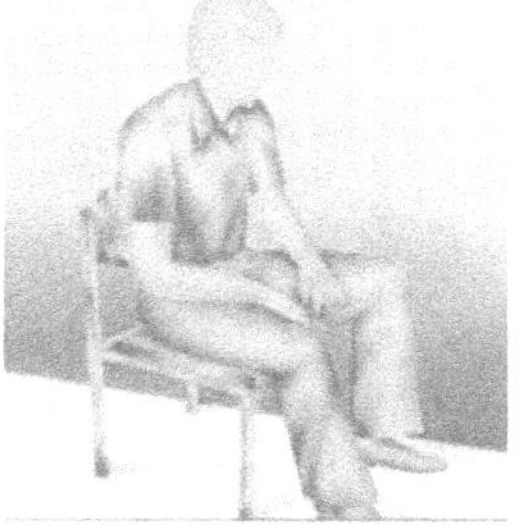

Autogenes Training [i37]

Gut zu wissen

Autogenes Training

Eine Entspannungstechnik, bei der durch Selbstbeeinflussung körperliche und seelische Ruhe erreicht wird. Sie hilft, Angstsymptome zu reduzieren und die Selbstwahrnehmung zu verbessern.

Emotionale Regulation

Die Fähigkeit, eigene Emotionen zu verstehen, zu kontrollieren und zu beeinflussen, um mit herausfordernden Situationen umzugehen und Angst zu bewältigen.

Olfaktorische Reize

Düfte, die über den Geruchssinn wahrgenommen werden und eine entspannende Wirkung haben können, um Angst zu lindern und das Wohlbefinden zu steigern.

Personalisierte Entspannungsprogramme

Individuell angepasste Programme, die verschiedene Entspannungstechniken kombinieren, um Angstzuständen entgegenzuwirken und das Wohlbefinden zu steigern.

Physiologische Signale

Körperliche Reaktionen wie Herzfrequenz, Hautleitfähigkeit und Atmung, die den Zustand des Körpers anzeigen und zur Überwachung von Stress und Angstzuständen genutzt werden können.

Häufigkeit der Anwendung von Entspannungstechniken

Wöchentliche Nutzung von Entspannungstechniken

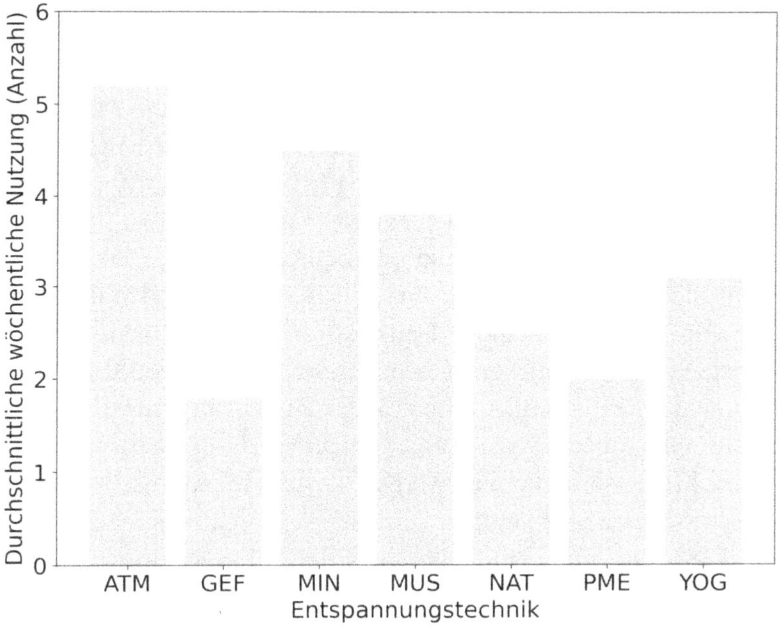

ATM: Atemübungen
GEF: Geführte Bilder
MIN: Achtsamkeitsmeditation
MUS: Musikhören
NAT: Zeit in der Natur verbringen
PME: Progressive Muskelentspannung
YOG: Yoga und Dehnung

Diese Daten deuten auf eine Präferenz für Atemübungen und Achtsamkeitsmeditation hin, was auf deren potenzielle Wirksamkeit und einfache Integration in den Alltag schließen lässt. Während progressive Muskelentspannung und geführte Bilder seltener angewendet werden, spielen sie dennoch für einige Personen eine Rolle. Dies unterstreicht die Bedeutung personalisierter Ansätze im Umgang mit Angstzuständen, da verschiedene Techniken bei verschiedenen Menschen Anklang finden. Weitere Untersuchungen könnten den Zusammenhang zwischen der Anwendung der Techniken und dem Grad der Angstreduktion untersuchen.

Selbsthilfe bei Angst als lebenslanger Prozess

Angstbewältigung ist ein kontinuierlicher Prozess, der über die reine Anwendung von Entspannungstechniken hinausgeht und ein stetiges Engagement für die eigene psychische Gesundheit erfordert. Ähnlich dem Erlernen eines Instruments oder einer Sprache bedarf es beständiger Übung und Anpassung, um die erlernten Strategien im Alltag effektiv anzuwenden und langfristig von ihren positiven Effekten zu profitieren. Ein wichtiger Aspekt dieses lebenslangen Prozesses ist die aktive Auseinandersetzung mit den eigenen Gedankenmustern und Verhaltensweisen. Die kognitive Verhaltenstherapie (KVT) bietet hier einen wertvollen Ansatz. Sie hilft, negative und angstfördernde Denkmuster zu erkennen und durch realistischere und hilfreichere Gedanken zu ersetzen [s38]. Etwa kann das Vermeiden bestimmter Situationen kurzfristig Angst reduzieren, langfristig aber die Angst aufrechterhalten. KVT unterstützt dabei, solche sicherheitsorientierten Verhaltensweisen zu überwinden und schrittweise die Konfrontation mit den gefürchteten Situationen zu suchen [s38]. Dadurch lernt man, dass die befürchteten Konsequenzen nicht eintreten oder zumindest bewältigbar sind. Online-KVT oder Selbsthilfe-Apps können ergänzend genutzt werden, um die erlernten Strategien zu festigen und im Alltag anzuwenden [s38]. Dabei ist jedoch wichtig, diese Tools mit Bedacht einzusetzen und gegebenenfalls professionelle Unterstützung in Anspruch zu nehmen. Die Wirksamkeit von KVT bei der Behandlung von Angststörungen ist durch zahlreiche Studien belegt [s38]. Dennoch ist es wichtig zu verstehen, dass der Erfolg nicht von heute auf morgen eintritt und Rückschläge zum Lernprozess gehören. Gerade die Fähigkeit, nach einem Rückfall wieder aufzustehen und die erlernten Strategien erneut anzuwenden, ist ein Zeichen für erfolgreiche Integration der Angstbewältigung in den Alltag. Die KVT fördert ein ausgewogenes Denken und verbessert die Fähigkeit, mit Stress umzugehen – beides wichtige Faktoren für eine nachhaltige

Angstbewältigung [s38]. Zukünftige Forschung zur Langzeitwirkung von KVT wird weitere Erkenntnisse liefern, um die optimalen Behandlungsintensitäten und -dauer zu bestimmen und so die Integration von Angstbewältigungsstrategien noch effektiver zu gestalten [s38]. Dieser kontinuierliche Prozess der Selbstreflexion und Anpassung ermöglicht es, die eigenen Ängste besser zu verstehen, flexibel auf neue Herausforderungen zu reagieren und ein erfülltes Leben zu führen.

Gut zu wissen

Online-KVT

Online-KVT bietet flexible und leicht zugängliche Unterstützung bei der Bewältigung von Ängsten. Durch interaktive Übungen und Module können Betroffene lernen, ihre Ängste zu verstehen und Strategien zur Angstbewältigung zu entwickeln. Online-KVT kann eine wertvolle Ergänzung zur traditionellen Therapie sein oder auch eigenständig genutzt werden.

Kognitive Verhaltenstherapie

Die Kognitive Verhaltenstherapie (KVT) ist eine anerkannte Methode zur Behandlung von Angststörungen. Sie hilft, negative Gedankenmuster zu erkennen und zu verändern, sowie neue Verhaltensweisen zu erlernen, um Ängste zu bewältigen und langfristig zu reduzieren.

Selbsthilfe-Apps

Selbsthilfe-Apps bieten praktische Werkzeuge und Übungen für die tägliche Angstbewältigung. Sie können dabei helfen, Entspannungstechniken zu erlernen, negative Gedanken zu identifizieren und positive Selbstgespräche zu führen. Selbsthilfe-Apps können die Integration von Angstbewältigungsstrategien in den Alltag unterstützen.

Fortschritt der Angstbewältigung

Wirksamkeit von Strategien zur Angstbewältigung im Zeitverlauf.

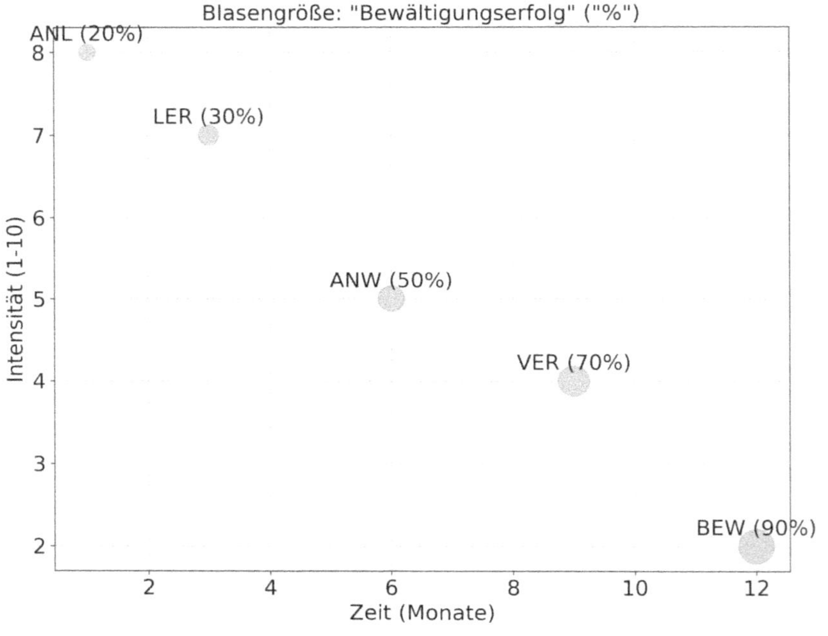

Blasengröße: Bewältigungserfolg (%)

ANL: Anfangsphase

ANW: Strategieanwendung

BEW: Angstbewältigung

LER: Lernstrategien

VER: Verbesserte Kontrolle

Die Visualisierung zeigt einen positiven Trend in der Angstbewältigung. Anfangs sind Häufigkeit und Intensität der Angst hoch, aber mit fortschreitender Zeit und der Anwendung von Bewältigungsmechanismen nehmen beide ab. Die Größe der Blasen zeigt den wachsenden Erfolg bei der Anwendung dieser Strategien an, was eine verbesserte Angstbewältigung im Laufe der Zeit bedeutet.

Balance zwischen Angstakzeptanz und Veränderung

Angstbewältigung erfordert nicht nur die Anwendung von Techniken, sondern auch die Entwicklung einer ausgewogenen Perspektive auf die Angst selbst. Es geht nicht darum, Angst vollständig zu eliminieren, sondern einen Umgang damit zu finden, der ein erfülltes Leben ermöglicht. Hierbei spielen Akzeptanz und Veränderung eine entscheidende Rolle. Akzeptanz bedeutet, die Angst als Teil der menschlichen Erfahrung anzuerkennen, ohne sie zu bewerten oder zu bekämpfen. Das kann bedeuten, die körperlichen Symptome wie Herzrasen oder Schwitzen wahrzunehmen, ohne in Panik zu geraten. Veränderung hingegen bezieht sich auf die aktive Auseinandersetzung mit den Ursachen und Auswirkungen der Angst. Das kann durch die Arbeit mit Denkmustern oder durch die schrittweise Konfrontation mit Angstsituationen geschehen. Die kognitive Verhaltenstherapie (KVT) bietet hier hilfreiche Strategien [s38]. Sie unterstützt dabei, negative und angstfördernde Gedanken zu erkennen und durch realistischere zu ersetzen. Wie beim Erlernen eines Musikinstruments erfordert auch die Veränderung von Denkmustern Übung und Geduld. Der Weg zur Veränderung beginnt oft mit der Akzeptanz der Angst. Indem man lernt, die Angst nicht als Bedrohung, sondern als Signal zu verstehen, kann man besser mit ihr umgehen. KVT unterstützt dabei, sicherheitsorientierte Verhaltensweisen, wie das Vermeiden bestimmter Situationen, zu überwinden und schrittweise die Konfrontation mit den gefürchteten Situationen zu suchen [s38]. Die Wirksamkeit von KVT bei der Behandlung von Angststörungen zeigt, dass sowohl die Akzeptanz von Ängsten als auch die Veränderung von Denkmustern bedeutsam für den Behandlungserfolg sind [s38]. Ein wichtiger Aspekt ist das Erkennen und Verändern verzerrter Denkmuster, die Angst verstärken können [s3]. achtsamkeitsuebungen können die Akzeptanz von Emotionen fördern und die emotionale Reaktivität verringern, was die Basis für Veränderungen in der Angstbewältigung schafft [s3]. Die Balance zwischen Akzeptanz und Veränderung ist ein dynamischer

Prozess. Manchmal steht die Akzeptanz im Vordergrund, etwa in akuten Angstsituationen. In anderen Phasen liegt der Fokus auf der Veränderung, zum Beispiel bei der Arbeit mit Denkmustern oder der schrittweisen Konfrontation mit Angstsituationen. Die Akzeptanz- und Commitmenttherapie (ACT) bietet einen weiteren Ansatz, der die psychologische Flexibilität fördert [s94]. Diese Flexibilität ermöglicht es, trotz unangenehmer Erfahrungen, in Übereinstimmung mit den eigenen Werten zu handeln [s95]. ACT und KVT zeigen vergleichbare Ergebnisse bei der Behandlung von sozialer Phobie, was darauf hindeutet, dass beide Ansätze wirksam sind, um eine Balance zwischen Angstakzeptanz und Veränderung zu erreichen [s96]. Studien zeigen, dass ACT zu einer stärkeren Reduktion der Angststörung führen kann, was die Bedeutung der Balance zwischen Akzeptanz und Veränderung unterstreicht [s94]. Die Erfahrungsvermeidung nimmt in beiden Therapien ab, wobei der Verlauf des Rückgangs unterschiedlich ist [s97]. Es ist wichtig, die für sich passende Balance zu finden und diese immer wieder an die jeweilige Situation anzupassen.

Gut zu wissen

Erfahrungsvermeidung

Erfahrungsvermeidung beschreibt das Verhalten, angstbesetzte Situationen, Gedanken oder Gefühle zu vermeiden. Dies kann kurzfristig die Angst lindern, langfristig aber die Angst aufrechterhalten und verstärken, da keine Möglichkeit besteht, die Erfahrung zu machen, dass die befürchteten Konsequenzen nicht eintreten.

Akzeptanz und Veränderung im Umgang mit Angst

Verteilung der Strategien im Umgang mit Angst.

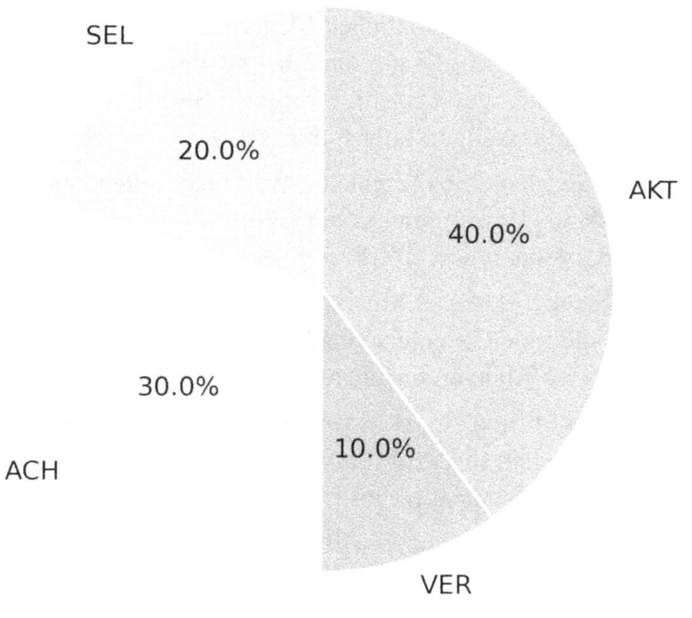

ACH: Achtsamkeit und Akzeptanz

AKT: Aktive Bewältigung (z. B. Problemlösung, Exposition)

SEL: Selbstberuhigungstechniken (z. B. Entspannung)

VER: Vermeidung

Dieses Diagramm visualisiert die ideale Verteilung von Strategien für den Umgang mit Angst und betont ein Gleichgewicht zwischen Akzeptanz und Veränderung. Ein bedeutender Teil ist aktiven Bewältigungsmechanismen gewidmet, was die Bedeutung der Bewältigung der Ursachen von Angstzuständen unterstreicht. Achtsamkeits- und Akzeptanzpraktiken bilden die Grundlage für die Emotionsregulation, während Selbstberuhigungstechniken sofortige Linderung bieten. Der kleinere Teil, der der Vermeidung gewidmet ist, unterstreicht die Notwendigkeit, ungesunde Bewältigungsmechanismen zu minimieren, die die Angst langfristig aufrechterhalten.

Konkrete Ratschläge

- Verweben Sie Ihre Lieblingsbeschäftigung mit einer Entspannungstechnik. Lesen Sie beispielsweise ein Buch und atmen Sie dabei bewusst tief ein und aus.
- Entwickeln Sie ein persönliches "Angst-Thermometer": Visualisieren Sie eine Skala von 1 bis 10 und ordnen Sie Ihre aktuelle Angst einem Wert zu. Überlegen Sie anschließend, welche Strategie zur jeweiligen Intensität passt.
- Schaffen Sie sich einen "mentalen Werkzeugkasten" mit verschiedenen Bewältigungsstrategien und wählen Sie je nach Situation das passende "Werkzeug" aus.
- Nutzen Sie die Kraft der Musik: Erstellen Sie eine Playlist mit Liedern, die Ihnen in unterschiedlichen Angstphasen helfen – von beruhigenden Klängen bis hin zu motivierenden Rhythmen.
- Gehen Sie mit Ihrer Angst auf eine imaginäre Reise: Stellen Sie sich vor, Sie begleiten Ihre Angst auf einem Spaziergang und führen ein freundliches Gespräch mit ihr.
- Verwandeln Sie Ihre Angst in eine kreative Energie: Schreiben Sie ein Gedicht, malen Sie ein Bild oder komponieren Sie eine Melodie, die Ihre Angst zum Ausdruck bringt.
- Entwickeln Sie ein persönliches "Angst-Ritual": Zünden Sie eine Kerze an, atmen Sie tief durch und sprechen Sie einen positiven Satz, der Ihnen Kraft gibt.
- Bauen Sie eine "Angst-Erste-Hilfe-Box" zusammen: Füllen Sie sie mit Gegenständen, die Ihnen in Angstsituationen guttun, wie ein Duftöl, ein Kuscheltier oder ein Foto von einem geliebten Menschen.

5. 3 Persönliches Wachstum durch Angstbewältigung

Angst schränkt ein und kann persönliches Wachstum blockieren. Dieses Kapitel untersucht, wie die Bewältigung von Angstzuständen zur Entwicklung innerer Stärke und emotionaler Widerstandsfähigkeit beiträgt. Dabei werden die Herausforderungen beleuchtet, die intensive Angsterfahrungen mit sich bringen und die damit verbundenen Chancen für persönliches Wachstum aufgezeigt. Entdecken Sie Ihr Potenzial, Angst in positive Energie zu verwandeln.

Wahres persönliches Wachstum entsteht durch die aktive und bewusste Auseinandersetzung mit Ängsten, ihrer Überwindung und der Integration der gewonnenen Erfahrungen in das eigene Leben.

Stärkung der emotionalen Widerstandsfähigkeit

Emotionale Widerstandsfähigkeit beschreibt die Fähigkeit, sich von Rückschlägen, Stress und negativen Emotionen zu erholen. Sie ermöglicht es, schwierige Situationen nicht nur zu überstehen, sondern gestärkt daraus hervorzugehen. Ein wichtiger Aspekt ist die Fähigkeit, positive Emotionen zu kultivieren. Positive Emotionen erweitern das Handlungsspektrum und wirken wie ein Puffer gegen Stress [s98]. Etwa kann Freude an einem Hobby dazu führen, dass man nach einem stressigen Arbeitstag schneller abschaltet und neue Energie tankt. Soziale Unterstützung spielt ebenfalls eine wichtige Rolle. Ein stabiles soziales Netzwerk bietet Rückhalt und hilft, schwierige Zeiten zu bewältigen [s99]. Resilienz ist kein statischer Zustand, sondern ein dynamischer Prozess, der durch aktive Bewältigungsstrategien gefördert werden kann [s99]. Dazu gehört, sich mit den eigenen Emotionen auseinanderzusetzen und gesunde Bewältigungsmechanismen zu entwickeln [s100]. Anstatt etwa Ärger zu unterdrücken, kann man lernen, ihn konstruktiv auszudrücken. Regelmäßige Bewegung kann die emotionale Widerstandsfähigkeit gegenüber akutem Stress erhöhen [s101]. Sport hilft nicht nur, körperlich fit zu bleiben, sondern auch, positive Emotionen in stressigen Situationen aufrechtzuerhalten [s101]. achtsamkeit und Dankbarkeit sind weitere wichtige Faktoren [s100]. Achtsamkeitsübungen helfen, im gegenwärtigen Moment zu bleiben und negative Gedankenspiralen zu unterbrechen. Dankbarkeit zu praktizieren, etwa indem man sich täglich bewusst macht, wofür man dankbar ist, kann das emotionale Wohlbefinden steigern [s100]. Psychologische Resilienzfaktoren wie Selbstwirksamkeit und kognitive Flexibilität können durch gezielte interventionen, wie kognitive Verhaltenstherapie oder Achtsamkeitstraining, gefördert werden [s102]. Die Stärkung der emotionalen Widerstandsfähigkeit ist ein fortwährender Prozess, der sowohl individuelle als auch umweltbedingte Ressourcen nutzt [s102].

Faktoren der emotionalen Belastbarkeit

Beitrag der Faktoren zur emotionalen Stabilität

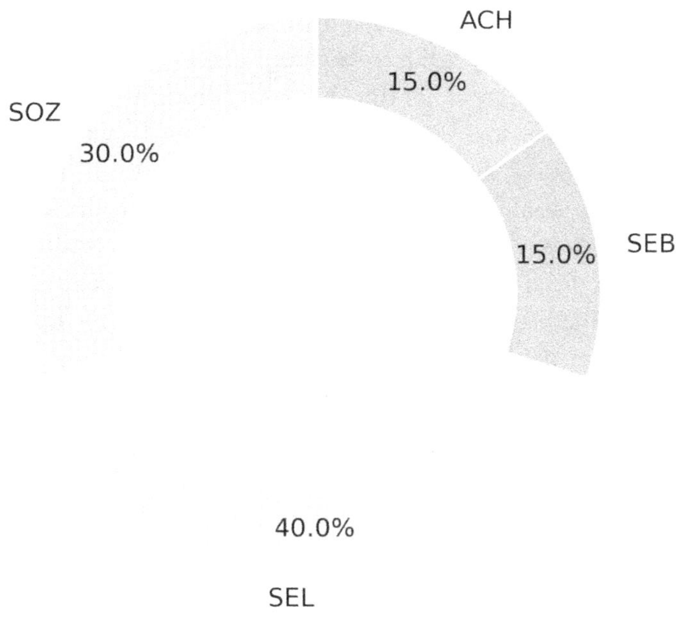

ACH: Achtsamkeit
SEB: Selbstregulation
SEL: Selbstwahrnehmung
SOZ: Soziale Verbindungen

Dieses Diagramm visualisiert die relative Bedeutung verschiedener Faktoren, die zur emotionalen Belastbarkeit beitragen. Ein größeres Segment zeigt einen stärkeren Einfluss auf die gesamte emotionale Stabilität. Obwohl alle Faktoren eine Rolle spielen, scheint die Selbstwahrnehmung am wichtigsten zu sein, was darauf hindeutet, dass das Verstehen der eigenen Emotionen der Schlüssel zur Bewältigung schwieriger Situationen ist. Die Entwicklung starker sozialer Verbindungen trägt ebenfalls wesentlich dazu bei und unterstreicht die Bedeutung von Unterstützungssystemen. Schließlich spielen Achtsamkeit und Selbstregulation, obwohl sie durch kleinere Segmente dargestellt werden, immer noch eine wichtige Rolle bei der Stressbewältigung und der Aufrechterhaltung des emotionalen Gleichgewichts.

Entwicklung eines gesunden Umgangs mit Unsicherheit

Unsicherheit ist ein unvermeidlicher Aspekt des Lebens. Anstatt sie zu bekämpfen, gilt es, einen konstruktiven Umgang mit ihr zu entwickeln. Das bedeutet, Unsicherheit nicht als Bedrohung, sondern als Chance für Wachstum und Entwicklung zu begreifen. Ein wichtiger Schritt besteht darin, die eigenen Gedanken und Gefühle in Bezug auf Unsicherheit bewusst wahrzunehmen und zu akzeptieren. Anstatt zu versuchen, ungewisse Situationen zu kontrollieren, konzentriert man sich darauf, die eigene Reaktion auf diese Situationen zu steuern. Das kann bedeuten, sich auf die Dinge zu fokussieren, die man beeinflussen kann und gleichzeitig die Ungewissheit anderer Aspekte zu akzeptieren. Ein Beispiel hierfür wäre, sich vor einer Präsentation gut vorzubereiten, aber gleichzeitig zu akzeptieren, dass man die Reaktionen des Publikums nicht vollständig kontrollieren kann. Die regelmäßige Teilnahme an sportlichen Aktivitäten kann, über die körperliche Fitness hinaus, die psychische Widerstandsfähigkeit fördern, indem sie Menschen beibringt, mit Schwierigkeiten umzugehen und sich von Misserfolgen zu erholen [s5]. Auch die soziale Interaktion im Sport, besonders in Teams, stärkt soziale Kompetenzen und das Gefühl der Zugehörigkeit, was sich positiv auf das emotionale Wohlbefinden auswirkt [s5]. Akzeptanz, ein flexibler Umgang mit Veränderungen und die Fokussierung auf beeinflussbare Faktoren sind Schlüsselkomponenten für einen gesunden Umgang mit Unsicherheit. Durch die Stärkung dieser Fähigkeiten kann man Unsicherheit nicht nur bewältigen, sondern sie sogar als Katalysator für persönliches Wachstum nutzen.

Widerstandsfähigkeit [i38]

Gut zu wissen

Katalysator

Ein Katalysator beschleunigt einen Prozess, ohne sich selbst dabei zu verändern. Im Zusammenhang mit persönlichem Wachstum kann Unsicherheit als Katalysator wirken, indem sie die Entwicklung von Bewältigungsstrategien und die Auseinandersetzung mit den eigenen Ängsten fördert. Dadurch kann Unsicherheit letztendlich zu positivem Wandel und Wachstum führen.

Resilienz

Resilienz beschreibt die Fähigkeit, sich von Rückschlägen zu erholen, Schwierigkeiten zu meistern und gestärkt aus Krisen hervorzugehen. Im Kontext der Angstbewältigung bedeutet Resilienz, Ängste als Herausforderung anzunehmen und sie als Chance für persönliches Wachstum zu nutzen. Eine resiliente Person kann ihre Ängste bewältigen, ohne dass diese sie dauerhaft beeinträchtigen.

Strategien zur Unsicherheitstoleranz

Wirksamkeit von Strategien im Umgang mit Unsicherheit.

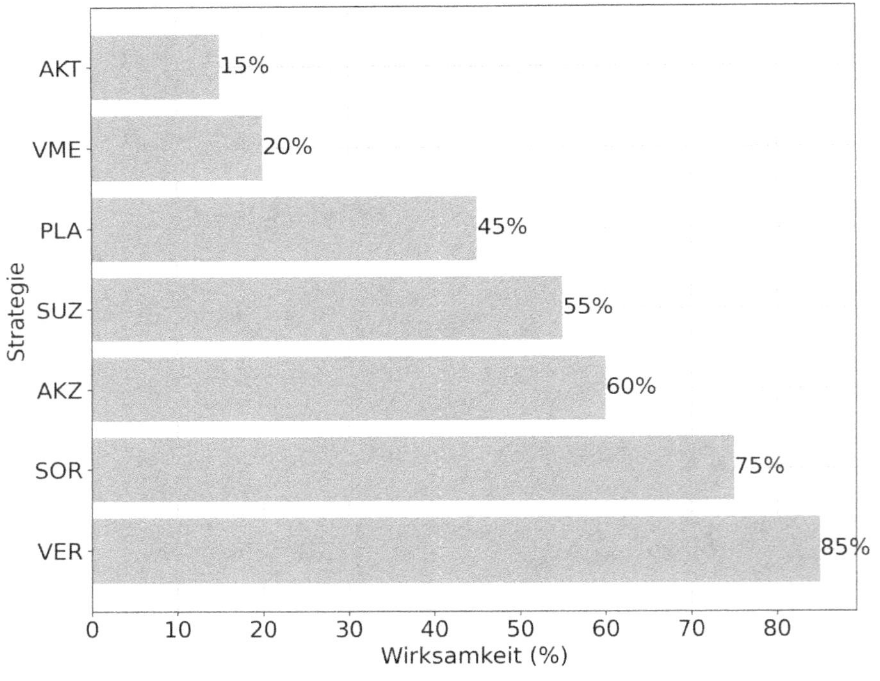

AKT: Aktive Bewältigung

PLA: Planung

SUZ: Soziale Unterstützung

VME: Problemlösung

AKZ: Akzeptanz

SOR: Sorge

VER: Vermeidung

Das Diagramm zeigt die unterschiedliche Wirksamkeit verschiedener Strategien zur Unsicherheitstoleranz. Aktive Bewältigung und Problemlösung zeigen das höchste Potenzial für positive Auswirkungen, während Vermeidung und Sorgen eine deutlich geringere Wirksamkeit aufweisen. Dies deutet darauf hin, dass die Konzentration auf proaktive Strategien für den Umgang mit Unsicherheit zu besseren Ergebnissen führt.

Vom Angsterleben zur inneren Stärke

Angst, ursprünglich ein Schutzmechanismus, kann sich negativ auf das persönliche Wachstum auswirken, wenn sie übermäßig auftritt. Die Transformation von Angsterfahrungen in innere Stärke ist ein Prozess, der bewusste Anstrengung und die Anwendung geeigneter Strategien erfordert. Soziale Unterstützung, wie sie in Quelle [s103] beschrieben wird, ist dabei ein wichtiger Faktor. Ein tragfähiges soziales Netzwerk kann nicht nur in akuten Krisen Halt geben, sondern auch langfristig die Entwicklung von Bewältigungsstrategien und die Verarbeitung traumatischer Erlebnisse fördern. Durch den Austausch mit anderen und das Teilen von Erfahrungen können neue Perspektiven gewonnen und ein Gefühl von Verbundenheit und Zugehörigkeit entwickelt werden [s103]. Dies kann dazu beitragen, Ängste zu relativieren und die eigene Fähigkeit zur Bewältigung zu stärken. Neben sozialer Unterstützung sind auch intrapersonale Faktoren, wie Selbstwirksamkeit und Resilienz, entscheidend. Quelle [s104] betont die Rolle der Resilienz bei der Transformation von Angst in posttraumatisches Wachstum. Ähnlich wie ein Muskel, der durch Belastung stärker wird, kann die Psyche durch die Bewältigung von Ängsten widerstandsfähiger werden. Die Erfahrung, Angst erfolgreich bewältigt zu haben, stärkt das Selbstvertrauen und die Zuversicht, auch zukünftige Herausforderungen meistern zu können [s104]. Dieses Selbstvertrauen, auch Selbstwirksamkeit genannt, ermöglicht es, sich aktiv mit der Angst auseinanderzusetzen und neue Handlungsstrategien zu entwickeln, anstatt in Vermeidungsverhalten zu verfallen. Selbstwirksamkeit kann durch kleine, realistische Ziele und deren erfolgreiche Umsetzung gesteigert werden. Wer beispielsweise Angst vor öffentlichen Verkehrsmitteln hat, könnte zunächst kurze Strecken mit dem Bus fahren und die Strecke dann schrittweise verlängern. Positive Kindheitserinnerungen, wie in Quelle [s104] erwähnt, können ebenfalls eine Ressource darstellen. Sie bieten in schwierigen

Zeiten einen emotionalen Anker und erinnern an die eigene Stärke und Fähigkeit, schwierige Situationen zu bewältigen. Indem man sich bewusst auf positive Erinnerungen konzentriert, kann man Zuversicht und Hoffnung schöpfen und die Angst in den Hintergrund treten lassen. Die Integration dieser verschiedenen Faktoren – soziale Unterstützung, Resilienz, Selbstwirksamkeit und positive Erinnerungen – ermöglicht es, Angst nicht als Hindernis, sondern als Anstoß für persönliches Wachstum zu begreifen.

Kindheitserinnerungen [i39]

Gut zu wissen

Intrapersonale Faktoren

Intrapersonale Faktoren sind persönliche Eigenschaften und Fähigkeiten, die das individuelle Verhalten und Erleben beeinflussen. Im Kontext der Angstbewältigung spielen intrapersonale Faktoren wie Selbstwertgefühl, Optimismus, emotionale Stabilität und Problemlösekompetenzen eine wichtige Rolle. Diese Faktoren beeinflussen, wie eine Person mit Angst umgeht und wie erfolgreich sie diese bewältigen kann.

Posttraumatisches Wachstum

Posttraumatisches Wachstum beschreibt positive psychologische Veränderungen, die als Ergebnis der Auseinandersetzung mit traumatischen oder sehr belastenden Lebensereignissen, wie z.B. schweren Ängsten, auftreten können. Es geht dabei um die Entwicklung neuer Stärken, die Vertiefung von Beziehungen, eine veränderte Lebensphilosophie und eine größere Wertschätzung des Lebens.

Persönliches Wachstum vs. überwundene Ängste

Zusammenhang zwischen dem Überwinden von Ängsten und persönlichem Wachstum.

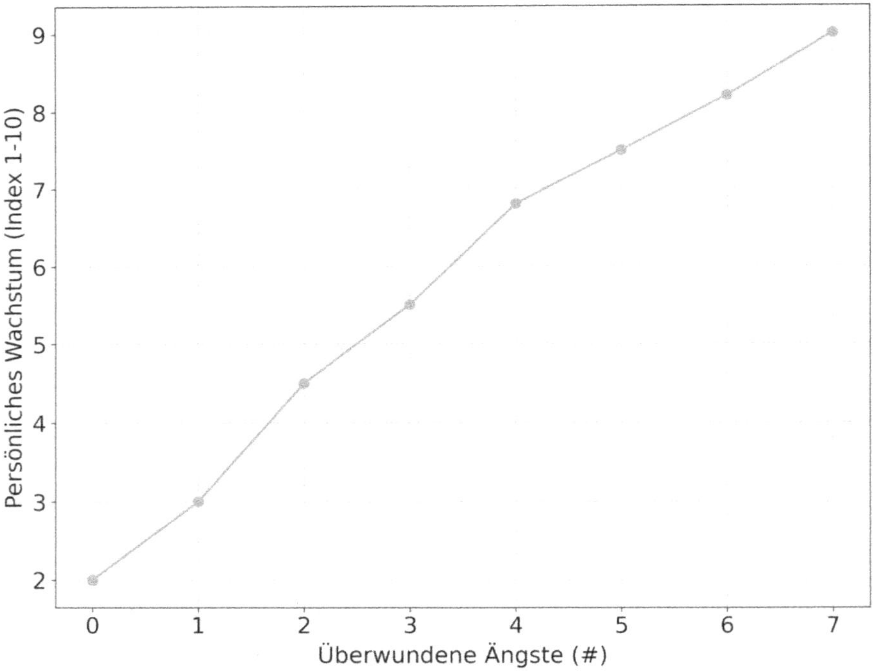

Die Grafik zeigt einen positiven Zusammenhang zwischen der Anzahl der überwundenen Ängste und dem persönlichen Wachstum. Je mehr Ängste angegangen und überwunden werden, desto stärker ist das persönliche Wachstum. Dies deutet darauf hin, dass die direkte Konfrontation mit Ängsten zur persönlichen Entwicklung beiträgt und die Widerstandsfähigkeit stärkt.

Konkrete Ratschläge

- Verwandeln Sie Ihre Angst in eine Gestalt: Malen Sie sie, formen Sie sie aus Ton oder beschreiben Sie sie detailliert in einem Text.
- Schreiben Sie einen Dankbarkeitsbrief an Ihre Angst: Was haben Sie durch sie gelernt und welche Stärken hat sie Ihnen offenbart?
- Entwickeln Sie ein persönliches "Mut-Mantra": Einen kurzen, kraftvollen Satz, den Sie sich in herausfordernden Situationen immer wieder sagen.
- Stellen Sie sich Ihrer Angst in kleinen Schritten wie einem Forscher, der Neuland betritt: Dokumentieren Sie Ihre Erfahrungen und Erkenntnisse.
- Betrachten Sie Ihre Angst als Rohstoff: Was können Sie aus ihr erschaffen? Welche positive Energie steckt in ihr?
- Verwandeln Sie negative Gedanken in positive Bilder: Ersetzen Sie düstere Vorstellungen durch helle, freundliche Visionen.
- Lernen Sie, mit Unsicherheit zu tanzen: Akzeptieren Sie, dass nicht alles planbar ist und üben Sie sich in Flexibilität.
- Betrachten Sie Angstbewältigung als einen Marathon, nicht als Sprint: Seien Sie geduldig mit sich selbst und vertrauen Sie auf den Prozess.

Rückblick - 5. Langfristige Bewältigung von Ängsten und Sorgen

Die langfristige Bewältigung von Ängsten und Sorgen ist ein individueller Prozess, der kontinuierliches Engagement und eine proaktive Herangehensweise erfordert. Es geht nicht darum, Angst vollständig aus Ihrem Leben zu verbannen, sondern einen gesunden Umgang damit zu entwickeln, der Ihnen ermöglicht, ein erfülltes Leben zu führen. Der erste Schritt besteht darin, Ihre persönlichen Frühwarnzeichen zu erkennen. Achten Sie auf subtile Veränderungen in Ihrem emotionalen Erleben, Ihrem Verhalten und Ihren körperlichen Reaktionen. Zunehmende Reizbarkeit, Schlafstörungen, sozialer Rückzug oder ein veränderter Appetit können beispielsweise Indikatoren für einen drohenden Anstieg Ihrer Angst sein. Wenn Sie diese Signale frühzeitig erkennen, können Sie rechtzeitig gegensteuern und verhindern, dass die Angst eskaliert. Dokumentieren Sie Ihre Beobachtungen in einem Tagebuch, um Muster zu erkennen und Ihre persönlichen Trigger besser zu verstehen.

Sobald Sie Ihre Frühwarnzeichen identifiziert haben, ist es wichtig, einen individuellen Notfallplan zu entwickeln. Dieser Plan sollte konkrete Handlungsschritte für verschiedene Angstlevel enthalten, angefangen bei ersten Anzeichen von Unruhe bis hin zu akuten Angstzuständen oder Panikattacken. Integrieren Sie in Ihren Plan bewährte Bewältigungsstrategien wie Atemübungen, progressive Muskelentspannung oder kognitive Umstrukturierung. Überlegen Sie, welche Techniken Ihnen in der Vergangenheit geholfen haben und wie Sie diese in Ihren Alltag integrieren können. Visualisieren Sie potenzielle Angstsituationen und üben Sie die Anwendung Ihres Notfallplans, damit Sie im Ernstfall schnell und effektiv reagieren können. Beziehen Sie, wenn möglich, auch Ihr soziales Umfeld ein. Informierte Angehörige können Sie unterstützen, indem sie Ihre Frühwarnzeichen erkennen und Sie ermutigen, Ihre erlernten Strategien anzuwenden.

Neben der Entwicklung eines Notfallplans ist die langfristige Stabilisierung Ihrer Fortschritte entscheidend. Hierbei spielen Akzeptanz, Selbstfürsorge und die kontinuierliche Anwendung Ihrer erlernten Strategien eine zentrale Rolle. Akzeptieren Sie, dass Angst ein Teil des menschlichen Erlebens ist und dass Rückschläge zum Lernprozess gehören. Integrieren Sie regelmäßige Entspannungstechniken, Achtsamkeitsübungen und positive Aktivitäten in Ihren Alltag, um Ihre emotionale Widerstandsfähigkeit zu stärken und Ihre Ressourcen zu erweitern. Reflektieren Sie regelmäßig Ihre Fortschritte und passen Sie Ihren Notfallplan und Ihre Strategien gegebenenfalls an Ihre Bedürfnisse an. Scheuen Sie sich nicht, professionelle Unterstützung in Anspruch zu nehmen, wenn Sie Schwierigkeiten haben, Ihre Angst alleine zu bewältigen.

Die Bewältigung von Ängsten ist ein Marathon, kein Sprint. Es erfordert Geduld, Ausdauer und die Bereitschaft, sich immer wieder neuen Herausforderungen zu stellen. Doch jeder Schritt, den Sie in Richtung eines gesunden Umgangs mit Ihrer Angst machen, stärkt Ihr Selbstvertrauen und Ihre innere Stärke. Sie werden feststellen, dass Sie mit der Zeit immer besser in der Lage sind, Ihre Ängste zu bewältigen und ein erfülltes Leben zu führen, das nicht von Angst bestimmt wird. Vertrauen Sie auf Ihre Fähigkeiten und Ihren Weg – Sie haben die Kraft, Ihre Ängste zu überwinden und Ihre innere Stärke zu entfalten.

Kostenlose Zusatzangebote in Planung

Wir freuen uns, Ihnen künftig ergänzende kostenlose Materialien zu diesem Buch anbieten zu können:

- Ein exklusives Bonuskapitel mit zusätzlichen Inhalten
- Eine kompakte Zusammenfassung des gesamten Buches im PDF-Format
- Eine Hörspiel Version (In Planung)

Die Veröffentlichung dieser Materialien ist für 2025 geplant.

www.SaageBooks.com/de/aengste-bonus-GNGD6Q

Liebe Leserinnen, liebe Leser,

Wir fühlen uns sehr geehrt, dass Sie sich die Zeit genommen haben, unser Buch von Anfang bis Ende zu lesen. Unser größter Wunsch ist es, Ihnen wertvolle Erkenntnisse und praktische Hilfestellungen mit auf den Weg zu geben. Ihr Vertrauen in unsere Arbeit bedeutet uns sehr viel. Wir hoffen, die Lektüre war für Sie bereichernd. Sollten Sie Fragen oder Anregungen haben, können Sie uns gerne über unsere Website kontaktieren.

Wir würden uns sehr über eine ehrliche Rezension freuen. Sie können Ihre ehrliche Bewertung ganz einfach auf der Verkaufsplattform hinterlassen, über die Sie das Buch erworben haben.
Vielen Dank für Ihre Unterstützung!

Cupido A.I. Saage

Saage Media GmbH - Team

Quellen

Unser aufrichtiger Dank gilt allen Autoren der zitierten wissenschaftlichen und nicht-wissenschaftlichen Quellen, den Betreibern der referenzierten Internetseiten sowie den Urhebern der verwendeten Bilder, Grafiken und Studien, deren wertvolle Arbeiten zur Entstehung dieses Buches beigetragen haben.

Für weitere Informationen empfehlen wir Ihnen, die Quellen-Websites zu besuchen.

Sollten Sie Fehler bei der Zuordnung oder andere Unstimmigkeiten entdecken, kontaktieren Sie uns bitte.

Alle Quellen wurden zuletzt aufgerufen am: 2025-06-11

[s1] - https://pmc.ncbi.nlm.nih.gov/articles/PMC3181681/

Autor:	Thierry Steimer	**Titel:**	The biology of fear- and anxiety-related behaviors
von:	Clinical Psychopharmacology Unit, Geneva University Hospital, Chêne-Bourg, Switzerland	**DOI:**	10.31887/DCNS.2002.4.3/tsteimer
Datum:	2002 Sep	**Webseite:**	PubMed Central (PMC)
Publisher:	Dialogues in Clinical Neuroscience		

[s2] - https://pmc.ncbi.nlm.nih.gov/articles/PMC4790493/

Autor:	Deva Priya Appukuttan	**Titel:**	Strategies to manage patients with dental anxiety and dental phobia: literature review
von:	Sri Ramakrishna Mission Dental College and Hospital, Chennai, India	**DOI:**	10.2147/CCIDE.S63626
Datum:	2016 Mar 10	**Webseite:**	PubMed Central (PMC)
Publisher:	Clinical, Cosmetic and Investigational Dentistry		

[s3] - https://pmc.ncbi.nlm.nih.gov/articles/PMC8475916/

Autor:	Joshua E Curtiss, Daniella S Levine, Ilana Ander, Amanda W Baker	**Titel:**	Cognitive-Behavioral Treatments for Anxiety and Stress-Related Disorders
von:	Department of Psychiatry, Massachusetts General Hospital, Boston; Department of Psychiatry, Harvard Medical School, Boston	**DOI:**	10.1176/appi.focus.20200045
Datum:	2021 Jun 17	**Webseite:**	PubMed Central (PMC)

[s4] - https://pmc.ncbi.nlm.nih.gov/articles/PMC5879019/

Autor:	Stefan G Hofmann, Aleena C Hay	**Titel:**	Rethinking Avoidance: Toward a Balanced Approach to Avoidance in Treating Anxiety Disorders
DOI:	10.1016/j.janxdis.2018.03.004	**Datum:**	2018 Mar 9
Webseite:	PubMed Central (PMC)	**Publisher:**	Journal of anxiety disorders

[s5] - https://pmc.ncbi.nlm.nih.gov/articles/PMC10819297/

Autor:	Alexandra Martín-Rodríguez, Laura Augusta Gostian-Ropotin, Ana Isabel Beltrán-Velasco, Noelia Belando-Pedreño, Juan Antonio Simón, Clara López-Mora, Eduardo Navarro-Jiménez, José Francisco Tornero-Aguilera, Vicente Javier Clemente-Suárez	**Titel:**	Sporting Mind: The Interplay of Physical Activity and Psychological Health
DOI:	10.3390/sports12010037	**Datum:**	2024 Jan 22
Webseite:	PubMed Central (PMC)		

[s6] - https://www.mentalhealth.org.uk/explore-mental-health/publications/how-overcome-anxiety-and-fear

Titel:	How to manage fear and anxiety	**von:**	Mental Health Foundation
Datum:	16-06-2022	**Webseite:**	Mental Health Foundation

[s7] - https://www.nhs.uk/mental-health/conditions/social-anxiety/

Titel:	Social anxiety (social phobia)	**von:**	NHS (National Health Service)
Datum:	17 May 2023	**Webseite:**	nhs.uk

[s8] - https://www.nimh.nih.gov/health/topics/anxiety-disorders

Titel:	Anxiety Disorders - National Institute of Mental Health (NIMH)	**von:**	National Institute of Mental Health (NIMH)
Webseite:	National Institute of Mental Health (NIMH)		

[s9] - https://www.nimh.nih.gov/health/publications/generalized-anxiety-disorder-gad

Titel:	Generalized Anxiety Disorder: When Worry Gets Out of Control	**von:**	National Institute of Mental Health (NIMH)
Webseite:	National Institute of Mental Health (NIMH)		

[s10] - https://pmc.ncbi.nlm.nih.gov/articles/PMC3651952/

Autor:	Borwin Bandelow, Reinhard Boerner J, Siegfried Kasper, Michael Linden, Hans-Ulrich Wittchen, Hans-Jürgen Möller	**Titel:**	The Diagnosis and Treatment of Generalized Anxiety Disorder
DOI:	10.3238/arztebl.2013.0300	**Datum:**	2013 Apr 26
Webseite:	PubMed Central (PMC)	**Publisher:**	Deutsches Ärzteblatt International

[s11] - https://pubmed.ncbi.nlm.nih.gov/25955736/

Autor:	Locke AB; Kirst N; Shultz CG.	**Titel:**	Diagnosis and management of generalized anxiety disorder and panic disorder in adults
Datum:	05/01/2015	**Webseite:**	PubMed
Publisher:	Am Fam Physician		

[s12] - https://pmc.ncbi.nlm.nih.gov/articles/PMC2921723/

Autor:	Sudie E Back, Kathleen T Brady	**Titel:**	Anxiety Disorders with Comorbid Substance Use Disorders: Diagnostic and Treatment Considerations
von:	Medical University of South Carolina, Charleston	**DOI:**	10.3928/00485713-20081101-01
Datum:	2008 Nov	**Webseite:**	PubMed Central (PMC)
Publisher:	Psychiatric annals		

[s13] - https://pubmed.ncbi.nlm.nih.gov/27717405/

Autor:	Baljé A; Greeven A; van Giezen A; Korrelboom K; Arntz A; Spinhoven P.	**Titel:**	Group schema therapy versus group cognitive behavioral therapy for social anxiety disorder with comorbid avoidant personality disorder: study protocol for a randomized controlled trial
DOI:	10.1186/s13063-016-1605-9	**Datum:**	10/08/2016
Webseite:	PubMed	**Publisher:**	Trials

[s14] - https://pubmed.ncbi.nlm.nih.gov/17618526/

Autor:	Huppert JD, Strunk DR, Ledley DR, Davidson JR, Foa EB	**Titel:**	Generalized social anxiety disorder and avoidant personality disorder: structural analysis and treatment outcome
DOI:	10.1002/da.20349	**Datum:**	2008
Webseite:	PubMed	**Publisher:**	Depress Anxiety

[s15] - https://www.nimh.nih.gov/health/publications/social-anxiety-disorder-more-than-just-shyness

Titel:	Social Anxiety Disorder: More Than Just Shyness	**von:**	National Institute of Mental Health (NIMH)
Webseite:	National Institute of Mental Health (NIMH)		

[s16] - https://pmc.ncbi.nlm.nih.gov/articles/PMC2151931/

Autor:	Stefan G Hofmann	**Titel:**	Cognitive Factors that Maintain Social Anxiety Disorder: a Comprehensive Model and its Treatment Implications
von:	Department of Psychology, Boston University, Boston, MA, USA	**DOI:**	10.1080/16506070701421313
Datum:	2007	**Webseite:**	PubMed Central (PMC)

[s17] - https://pubmed.ncbi.nlm.nih.gov/11729016/

Autor:	Katzelnick DJ;Kobak KA;DeLeire T; Henk HJ;Greist JH;Davidson JR; Schneier FR;Stein MB;Helstad CP	**Titel:**	Impact of generalized social anxiety disorder in managed care
von:	National Center for Biotechnology Information (NCBI)	**DOI:**	10.1176/appi.ajp.158.12.1999
Datum:	2001 Dec	**Webseite:**	PubMed
Publisher:	Am J Psychiatry		

[s18] - https://pmc.ncbi.nlm.nih.gov/articles/PMC10017137/

Autor:	Agostinho Antônio Cruz Araújo, Simone de Godoy, Carla Aparecida Arena Ventura, Ítalo Rodolfo Silva, Emerson Willian Santos de Almeida, Isabel Amélia Costa Mendes	**Titel:**	Reflections on nursing students' fear and anxiety arising from clinical practicums
von:	University of São Paulo, Federal University of Rio de Janeiro, National Library of Medicine (NLM), National Institutes of Health (NIH), HHS, USA.gov	**DOI:**	10.17533/udea.iee.v40n3e13
Datum:	2023 Feb 14	**Webseite:**	PubMed Central (PMC)
Publisher:	Investigacion y Educacion en Enfermeria		

[s19] - https://pmc.ncbi.nlm.nih.gov/articles/PMC3797858/

Autor:	Sarah A Hayes-Skelton, Lizabeth Roemer	**Titel:**	A Contemporary View of Applied Relaxation for Generalized Anxiety Disorder
von:	National Center for Biotechnology Information (NCBI)	**DOI:**	10.1080/16506073.2013.777106
Datum:	2013 Jun 4	**Webseite:**	PubMed Central (PMC)
Publisher:	Cognitive behaviour therapy		

[s20] - https://pmc.ncbi.nlm.nih.gov/articles/PMC4413871/

Autor:	Susann Strang, Ann Ekberg-Jansson, Ingela Henoch	**Titel:**	Experience of anxiety among patients with severe COPD: A qualitative, in-depth interview study
von:	Angered Local Hospital, Gothenburg, Sweden; The Sahlgrenska Academy, Institute of Health and Care Sciences, University of Gothenburg, Gothenburg, Sweden; The Sahlgrenska Academy, Institute of Medicine, University of Gothenburg, Gothenburg, Sweden	**DOI:**	10.1017/S1478951513000369
Datum:	2014 Dec	**Webseite:**	PubMed Central (PMC)
Publisher:	Palliative & Supportive Care		

[s21] - https://pmc.ncbi.nlm.nih.gov/articles/PMC7781171/

Autor:	Thomas Heidenreich, Alexander Noyon, Michael Worrell, Ross Menzies	**Titel:**	Existential Approaches and Cognitive Behavior Therapy: Challenges and Potential
von:	University of Applied Sciences Esslingen, University of Applied Sciences Mannheim, Central and North West London Foundation NHS Trust, University of Technology Sydney	**DOI:**	10.1007/s41811-020-00096-1
Datum:	2021 Jan 4	**Webseite:**	PubMed Central (PMC)

[s22] - https://pmc.ncbi.nlm.nih.gov/articles/PMC10597511/

Autor: Jules Evans, Oliver C Robinson, Eirini Ketzitzidou Argyri, Shayam Suseelan, Ashleigh Murphy-Beiner, Rosalind McAlpine, David Luke, Katrina Michelle, Ed Prideaux
Titel: Extended difficulties following the use of psychedelic drugs: A mixed methods study
DOI: 10.1371/journal.pone.0293349
Datum: 2023 Oct 24
Webseite: PubMed Central (PMC)
Publisher: PLOS ONE

[s23] - https://pmc.ncbi.nlm.nih.gov/articles/PMC8272667/

Autor: Loren Toussaint, Quang Anh Nguyen, Claire Roettger, Kiara Dixon, Martin Offenbächer, Niko Kohls, Jameson Hirsch, Fuschia Sirois
Titel: Effectiveness of Progressive Muscle Relaxation, Deep Breathing, and Guided Imagery in Promoting Psychological and Physiological States of Relaxation
von: National Center for Biotechnology Information (NCBI)
DOI: 10.1155/2021/5924040
Datum: 2021 Jul 2
Webseite: PubMed Central (PMC)
Publisher: Evidence-based Complementary and Alternative Medicine : eCAM

[s24] - https://pmc.ncbi.nlm.nih.gov/articles/PMC5455070/

Autor: Xiao Ma, Zi-Qi Yue, Zhu-Qing Gong, Hong Zhang, Nai-Yue Duan, Yu-Tong Shi, Gao-Xia Wei, You-Fa Li
Titel: The Effect of Diaphragmatic Breathing on Attention, Negative Affect and Stress in Healthy Adults
DOI: 10.3389/fpsyg.2017.00874
Datum: 2017 Jun 6
Webseite: PubMed Central (PMC)
Publisher: Frontiers in Psychology

[s25] - https://pmc.ncbi.nlm.nih.gov/articles/PMC10741869/

Autor: Tanya G K Bentley, Gina D'Andrea-Penna, Marina Rakic, Nick Arce, Michelle LaFaille, Rachel Berman, Katie Cooley, Preston Sprimont
Titel: Breathing Practices for Stress and Anxiety Reduction: Conceptual Framework of Implementation Guidelines Based on a Systematic Review of the Published Literature
von: Health and Human Performance Foundation, Los Angeles, CA 90272, USA; Neurosciences Graduate Program, University of California San Diego, La Jolla, CA 92093, USA; Department of Kinesiology, California State University Fullerton, Fullerton, CA 92831, USA
DOI: 10.3390/brainsci13121612
Datum: 2023 Nov 21
Webseite: PubMed Central (PMC)
Publisher: Brain Sciences

[s26] - https://pmc.ncbi.nlm.nih.gov/articles/PMC5679245/

Autor: Stefan G Hofmann, Angelina F Gó mez
Titel: Mindfulness-Based Interventions for Anxiety and Depression
DOI: 10.1016/j.psc.2017.08.008
Datum: 2017 Sep 18
Webseite: PubMed Central (PMC)
Publisher: The Psychiatric clinics of North America

[s27] - https://pmc.ncbi.nlm.nih.gov/articles/PMC11519409/

Autor:	Amy H J Wolfe, Pamela S Hinds, Adre J du Plessis, Heather Gordish-Dressman, Vicki Freedenberg, Lamia Soghier	**Titel:**	Mindfulness Exercises Reduce Acute Physiologic Stress Among Female Clinicians
von:	Children's National Hospital, The George Washington University School of Medicine and Health Sciences	**DOI:**	10.1097/CCE.0000000000001171
Datum:	2024 Oct 25	**Webseite:**	PubMed Central (PMC)
Publisher:	Critical Care Explorations		

[s28] - https://pmc.ncbi.nlm.nih.gov/articles/PMC9954474/

Autor:	Blerida Banushi, Madeline Brendle, Anya Ragnhildstveit, Tara Murphy, Claire Moore, Johannes Egberts, Reid Robison	**Titel:**	Breathwork Interventions for Adults with Clinically Diagnosed Anxiety Disorders: A Scoping Review
von:	University of Queensland, University of Utah College of Pharmacy, Numinus Wellness, Integrated Research Literacy Group, University of Cambridge, Duke University, University of Wisconsin Hospitals & Clinics, Breathless Expeditions, University of Utah School of Medicine	**DOI:**	10.3390/brainsci13020256
Datum:	2023 Feb 2	**Webseite:**	PubMed Central (PMC)
Publisher:	Brain Sciences		

[s29] - https://pmc.ncbi.nlm.nih.gov/articles/PMC9388971/

Autor:	Kristin Harrison Ginsberg, Jane Alsweiler, Mohsen Alyami, Anna Serlachius	**Titel:**	Mindfulness and Relaxation-Based Interventions to Reduce Parental Stress, Anxiety and/or Depressive Symptoms in the Neonatal Intensive Care Unit: A Systematic Review
DOI:	10.1007/s10880-022-09902-8	**Datum:**	2022 Aug 19
Webseite:	PubMed Central (PMC)	**Publisher:**	Journal of Clinical Psychology in Medical Settings

[s30] - https://pmc.ncbi.nlm.nih.gov/articles/PMC3632802/

Autor:	Elizabeth Anderson, Geetha Shivakumar	**Titel:**	Effects of Exercise and Physical Activity on Anxiety
von:	VA North Texas Health Care System, University of Texas Southwestern Medical Center	**DOI:**	10.3389/fpsyt.2013.00027
Datum:	2013 Apr 23	**Webseite:**	PubMed Central (PMC)
Publisher:	Frontiers in Psychiatry		

[s31] - https://pmc.ncbi.nlm.nih.gov/articles/PMC8475909/

Autor:	Shaheja S Bandealy, Nima C Sheth, Samantha K Matuella, Jeremy R Chaikind, Isabelle A Oliva, Samantha R Philip, Paul M Jones, Elizabeth A Hoge	**Titel:**	Mind-Body Interventions for Anxiety Disorders: A Review of the Evidence Base for Mental Health Practitioners
von:	MedStar Georgetown University Hospital, Georgetown University School of Medicine	**DOI:**	10.1176/appi.focus.20200042
Datum:	2021 Jun 17	**Webseite:**	PubMed Central (PMC)
Publisher:	Focus: Journal of Life Long Learning in Psychiatry		

[s32] - https://pmc.ncbi.nlm.nih.gov/articles/PMC8429319/

Autor:	Thomas Ehring	**Titel:**	Thinking too much: rumination and psychopathology
von:	Ludwig-Maximilians-Universität, Munich, Germany	**DOI:**	10.1002/wps.20910
Datum:	2021 Sep 9	**Webseite:**	PubMed Central (PMC)
Publisher:	World Psychiatry		

[s33] - https://pmc.ncbi.nlm.nih.gov/articles/PMC4090567/

Autor:	Angelo Compare, Cristina Zarbo, Edo Shonin, William Van Gordon, Chiara Marconi	**Titel:**	Emotional Regulation and Depression: A Potential Mediator between Heart and Mind
DOI:	10.1155/2014/324374	**Datum:**	2014 Jun 22
Webseite:	PubMed Central (PMC)	**Publisher:**	Cardiovascular Psychiatry and Neurology

[s34] - https://pmc.ncbi.nlm.nih.gov/articles/PMC2672052/

Autor:	Edward R Watkins	**Titel:**	Constructive and Unconstructive Repetitive Thought
von:	University of Exeter	**DOI:**	10.1037/0033-2909.134.2.163
Datum:	2008 Mar	**Webseite:**	PubMed Central (PMC)
Publisher:	Psychological Bulletin		

[s35] - https://pmc.ncbi.nlm.nih.gov/articles/PMC3679190/

Autor:	Shian-Ling Keng, Moria J Smoski, Clive J Robins	**Titel:**	Effects of Mindfulness on Psychological Health: A Review of Empirical Studies
von:	Duke University, Duke University Medical Center, National Institutes of Health	**DOI:**	10.1016/j.cpr.2011.04.006
Datum:	2011 May 13	**Webseite:**	PubMed Central (PMC)
Publisher:	Clinical psychology review		

[s36] - https://pmc.ncbi.nlm.nih.gov/articles/PMC7001356/

Autor:	Manaswi Gautam, Adarsh Tripathi, Deepanjali Deshmukh, Manisha Gaur	**Titel:**	Cognitive Behavioral Therapy for Depression
DOI:	10.4103/psychiatry.IndianJPsychiatry_772_19	**Datum:**	2020 Jan 17
Webseite:	PubMed Central (PMC)	**Publisher:**	Indian Journal of Psychiatry

[s37] - https://pmc.ncbi.nlm.nih.gov/articles/PMC4857227/

Autor:	Julie L Lerwick	**Titel:**	Minimizing pediatric healthcare-induced anxiety and trauma
von:	Northwest Psychological Center	**DOI:**	10.5409/wjcp.v5.i2.143
Datum:	2016 May 8	**Webseite:**	PubMed Central (PMC)
Publisher:	World Journal of Clinical Pediatrics		

[s38] - https://pmc.ncbi.nlm.nih.gov/articles/PMC8489050/

Autor:	Mutsuhiro Nakao, Kentaro Shirotsuki, Nagisa Sugaya	**Titel:**	Cognitive–behavioral therapy for management of mental health and stress-related disorders: Recent advances in techniques and technologies
DOI:	10.1186/s13030-021-00219-w	**Datum:**	2021 Oct 3
Webseite:	PubMed Central (PMC)	**Publisher:**	BioPsychoSocial Medicine

[s39] - https://pmc.ncbi.nlm.nih.gov/articles/PMC9127352/

Autor:	Tsz Wai Li, Li Liang, Po Lam Ho, Ernest Tsun Fung Yeung, Stevan E Hobfoll, Wai Kai Hou	**Titel:**	Coping resources mediate the prospective associations between disrupted daily routines and persistent psychiatric symptoms: A population-based cohort study
von:	Centre for Psychosocial Health, The Education University of Hong Kong, Department of Psychology, The University of Hong Kong, STAR Consultants-STress, Anxiety and Resilience	**DOI:**	10.1016/j.jpsychires.2022.05.033
Datum:	2022 May 24	**Webseite:**	PubMed Central (PMC)
Publisher:	Journal of Psychiatric Research		

[s40] - https://pmc.ncbi.nlm.nih.gov/articles/PMC7444649/

Autor:	Shweta Singh, Deblina Roy, Krittika Sinha, Sheeba Parveen, Ginni Sharma, Gunjan Joshi	**Titel:**	Impact of COVID-19 and lockdown on mental health of children and adolescents: A narrative review with recommendations
von:	King George's Medical University, Lucknow, India	**DOI:**	10.1016/j.psychres.2020.113429
Datum:	2020 Aug 24	**Webseite:**	PubMed Central (PMC)
Publisher:	Psychiatry Research		

[s41] - https://pmc.ncbi.nlm.nih.gov/articles/PMC9014769/

Autor:	Jane Goodwin, Priyanka Rob, Mark Freeston, Deborah Garland, Victoria Grahame, Ashleigh Kernohan, Marie Labus, Malcolm Osborne, Jeremy R Parr, Catharine Wright, Jacqui Rodgers	**Titel:**	Caregiver perspectives on the impact of uncertainty on the everyday lives of autistic children and their families
von:	Newcastle University, UK	**DOI:**	10.1177/13623613211033757
Datum:	2021 Jul 22	**Webseite:**	PubMed Central (PMC)
Publisher:	SAGE Open		

[s42] - https://pmc.ncbi.nlm.nih.gov/articles/PMC4400203/

Autor:	Leah A Irish, Christopher E Kline, Heather E Gunn, Daniel J Buysse, Martica H Hall	**Titel:**	The Role of Sleep Hygiene in Promoting Public Health: A Review of Empirical Evidence
von:	PubMed Central (PMC)	**DOI:**	10.1016/j.smrv.2014.10.001
Datum:	2014 Oct 16	**Webseite:**	PubMed Central (PMC)
Publisher:	Sleep medicine reviews		

[s43] - https://www.ncbi.nlm.nih.gov/pmc/articles/PMC8036360/

Autor:	Asterios Leonidis, Maria Korozi, Eirini Sykianaki, Eleni Tsolakou, Vasilios Kouroumalis, Danai Ioannidi, Andreas Stavridakis, Margherita Antona, Constantine Stephanidis	**Titel:**	Improving Stress Management and Sleep Hygiene in Intelligent Homes
von:	Institute of Computer Science, Foundation for Research and Technology—Hellas (FORTH); Department of Computer Science Heraklion, University of Crete	**DOI:**	10.3390/s21072398
Datum:	2021 Mar 30	**Webseite:**	PubMed Central (PMC)
Publisher:	Sensors (Basel, Switzerland)		

[s44] - https://pmc.ncbi.nlm.nih.gov/articles/PMC6796223/

Autor:	Jeffrey Rossman	**Titel:**	Cognitive-Behavioral Therapy for Insomnia: An Effective and Underutilized Treatment for Insomnia
von:	Canyon Ranch, Lenox, Massachusetts	**DOI:**	10.1177/1559827619867677
Datum:	2019 Aug 12	**Webseite:**	PubMed Central (PMC)
Publisher:	American Journal of Lifestyle Medicine		

[s45] - https://dx.doi.org/10.21608/ejhc.2024.366794

Autor:	EL-Sayed Abdullah Ibrahim, Shaimaa; Abdelgawad Elkalashy, Rahma; Nabil EL-Sayied Abboud3, Amal	**Titel:**	Effectiveness Of Sleep Hygiene On Sleep Quality, Anxiety and Incidence Of Cardiac Dysrhythmia Among Patients With Myocardial Infarction
von:	Menoufia University, Egypt; Ain Shams University, Faculty of Nursing	**DOI:**	10.21608/ejhc.2024.366794
Datum:	2024/06/01	**Webseite:**	Egyptian Journal of Health Care
Publisher:	Ain Shams University, Faculty of Nursing		

[s46] - https://pubmed.ncbi.nlm.nih.gov/37599745/

Autor:	Tassone LM, Moyano MD, Laiño F, Brusco LI, Ramele RE, Forcato C.	**Titel:**	One-week sleep hygiene education improves episodic memory in young but not in older adults during social isolation
DOI:	10.3389/fpsyg.2023.1155776	**Datum:**	08/01/2023
Webseite:	PubMed	**Publisher:**	Front Psychol

[s47] - https://pmc.ncbi.nlm.nih.gov/articles/PMC9148520/

Autor:	Xiaoling Li, Meicui Chen, Zhicui Yao, Tianfeng Zhang, Zengning Li	**Titel:**	Dietary inflammatory potential and the incidence of depression and anxiety: a meta-analysis
von:	Department of Nutrition, Hebei Province Key Laboratory of Nutrition and Health, The First Hospital of Hebei Medical University	**DOI:**	10.1186/s41043-022-00303-z
Datum:	2022 May 28	**Webseite:**	PubMed Central (PMC)
Publisher:	Journal of Health, Population, and Nutrition		

[s48] - https://pubmed.ncbi.nlm.nih.gov/20048020/

Autor:	Jacka FN; Pasco JA; Mykletun A; Williams LJ; Hodge AM; O'Reilly SL; Nicholson GC; Kotowicz MA; Berk M	**Titel:**	Association of Western and traditional diets with depression and anxiety in women
DOI:	10.1176/appi.ajp.2009.09060881	**Datum:**	2010 Mar
Webseite:	PubMed	**Publisher:**	Am J Psychiatry

[s49] - https://pubmed.ncbi.nlm.nih.gov/29394511/

Autor:	Wheaton MG;Gershkovich M; Gallagher T;Foa EB;Simpson HB	**Titel:**	Behavioral avoidance predicts treatment outcome with exposure and response prevention for obsessive-compulsive disorder
DOI:	10.1002/da.22720	**Datum:**	2018 Mar
Webseite:	PubMed	**Publisher:**	Depress Anxiety

[s50] - https://pmc.ncbi.nlm.nih.gov/articles/PMC6343408/

Autor:	Dianne M Hezel, H Blair Simpson	**Titel:**	Exposure and response prevention for obsessive-compulsive disorder: A review and new directions
DOI:	10.4103/psychiatry.IndianJPsychiatry_516_18	**Datum:**	2019 Jan
Webseite:	PubMed Central (PMC)	**Publisher:**	Indian Journal of Psychiatry

[s51] - https://pmc.ncbi.nlm.nih.gov/articles/PMC3423997/

Autor:	Seth J Gillihan, Monnica T Williams, Emily Malcoun, Elna Yadin, Edna B Foa	**Titel:**	Common Pitfalls in Exposure and Response Prevention (EX/RP) for OCD
von:	University of Pennsylvania Perelman School of Medicine; University of Louisville	**DOI:**	10.1016/j.jocrd.2012.05.002
Datum:	2012 May 30	**Webseite:**	PubMed Central (PMC)

[s52] - https://pmc.ncbi.nlm.nih.gov/articles/PMC4610618/

Autor:	Antonia N Kaczkurkin, Edna B Foa	**Titel:**	Cognitive-behavioral therapy for anxiety disorders: an update on the empirical evidence
von:	University of Pennsylvania	**DOI:**	10.31887/DCNS.2015.17.3/akaczkurkin
Datum:	2015 Sep	**Webseite:**	PubMed Central (PMC)
Publisher:	Dialogues in Clinical Neuroscience		

[s53] - https://pmc.ncbi.nlm.nih.gov/articles/PMC6935308/

Autor:	Clara Law, Christina L Boisseau	**Titel:**	Exposure and Response Prevention in the Treatment of Obsessive-Compulsive Disorder: Current Perspectives
von:	Department of Psychiatry and Behavioral Sciences, Northwestern University Feinberg School of Medicine, Chicago, IL, USA	**DOI:**	10.2147/PRBM.S211117
Datum:	2019 Dec 24	**Webseite:**	PubMed Central (PMC)
Publisher:	Psychology Research and Behavior Management		

[s54] - https://pubmed.ncbi.nlm.nih.gov/31022313/

Autor:	Zaboski BA;Joyce-Beaulieu D; Kranzler JH;McNamara JP;Gayle C; MacInnes J.	**Titel:**	Group exposure and response prevention for college students with social anxiety: A randomized clinical trial
DOI:	10.1002/jclp.22792	**Datum:**	2019 Sep
Webseite:	PubMed	**Publisher:**	J Clin Psychol

[s55] - https://pubmed.ncbi.nlm.nih.gov/33319395/

Autor:	Peeters N; Stappenbelt S; Burk WJ; van Passel B; Krans J	**Titel:**	Schema therapy with exposure and response prevention for the treatment of chronic anxiety with comorbid personality disorder
von:	PubMed	**DOI:**	10.1111/bjc.12271
Datum:	2021 Mar	**Webseite:**	PubMed
Publisher:	Br J Clin Psychol		

[s56] - https://pmc.ncbi.nlm.nih.gov/articles/PMC6983350/

Autor:	Nicole Keller, Augustin Hennings, Joseph Dunsmoor	**Titel:**	Behavioral and neural processes in counterconditioning: past and future directions
von:	University of Texas at Austin	**DOI:**	10.1016/j.brat.2019.103532
Datum:	2019 Dec 12	**Webseite:**	PubMed Central (PMC)

[s57] - https://www.nccih.nih.gov/health/meditation-and-mindfulness-effectiveness-and-safety

Titel:	Meditation and Mindfulness: Effectiveness and Safety	**von:**	NCCIH
Webseite:	NCCIH	**Publisher:**	National Center for Complementary and Integrative Health

[s58] - https://newsinhealth.nih.gov/2021/06/mindfulness-your-health

Titel:	Mindfulness for Your Health	**von:**	NIH News in Health
Datum:	2021/06	**Webseite:**	NIH News in Health
Publisher:	National Institutes of Health		

[s59] - https://pmc.ncbi.nlm.nih.gov/articles/PMC2848393/

Autor:	Stefan G Hofmann, Alice T Sawyer, Ashley A Witt, Diana Oh	**Titel:**	The Effect of Mindfulness-Based Therapy on Anxiety and Depression: A Meta-Analytic Review
von:	Boston University	**DOI:**	10.1037/a0018555
Datum:	2010 Apr	**Webseite:**	PubMed Central (PMC)
Publisher:	Journal of consulting and clinical psychology		

[s60] - https://pmc.ncbi.nlm.nih.gov/articles/PMC7647439/
Autor: Zev Schuman-Olivier, Marcelo Trombka, David A Lovas, Judson A Brewer, David R Vago, Richa Gawande, Julie P Dunne, Sara W Lazar, Eric B Loucks, Carl Fulwiler
Titel: Mindfulness and Behavior Change
DOI: 10.1097/HRP.0000000000000277
Datum: 2020 Nov 6
Webseite: PMC (PubMed Central)

[s61] - https://pubmed.ncbi.nlm.nih.gov/7649463/
Autor: Miller JJ; Fletcher K; Kabat-Zinn J
Titel: Three-year follow-up and clinical implications of a mindfulness meditation-based stress reduction intervention in the treatment of anxiety disorders
DOI: 10.1016/0163-8343(95)00025-m
Datum: 1995 May
Webseite: PubMed
Publisher: Gen Hosp Psychiatry

[s62] - https://pmc.ncbi.nlm.nih.gov/articles/PMC7786299/
Autor: Amir Garakani, James W Murrough, Rafael C Freire, Robyn P Thom, Kaitlyn Larkin, Frank D Buono, Dan V Iosifescu
Titel: Pharmacotherapy of Anxiety Disorders: Current and Emerging Treatment Options
von: National Center for Biotechnology Information (NCBI)
DOI: 10.3389/fpsyt.2020.595584
Datum: 2020 Dec 23
Webseite: PubMed Central (PMC)
Publisher: Frontiers in Psychiatry

[s63] - https://pubmed.ncbi.nlm.nih.gov/23436255/
Autor: Sarris J; McIntyre E; Camfield DA
Titel: Plant-based medicines for anxiety disorders, Part 1: a review of preclinical studies
DOI: 10.1007/s40263-013-0044-3
Datum: 2013 Mar
Webseite: PubMed
Publisher: CNS Drugs

[s64] - https://pmc.ncbi.nlm.nih.gov/articles/PMC6007527/
Autor: Benjamin J Malcolm, Kimberly Tallian
Titel: Essential oil of lavender in anxiety disorders: Ready for prime time?
DOI: 10.9740/mhc.2017.07.147
Datum: 2018 Mar 26
Webseite: PubMed Central (PMC)
Publisher: The Mental Health Clinician

[s65] - https://pubmed.ncbi.nlm.nih.gov/35795687/
Autor: Millan MJ
Titel: Agomelatine for the treatment of generalized anxiety disorder: focus on its distinctive mechanism of action
von: National Center for Biotechnology Information (NCBI)
DOI: 10.1177/20451253221105128
Datum: 06/30/2022
Webseite: PubMed
Publisher: Ther Adv Psychopharmacol

[s66] - https://pubmed.ncbi.nlm.nih.gov/36927202/

Autor:	Hampsey E, Perkins A, Young AH	**Titel:**	BNC210: an investigational α7-nicotinic acetylcholine receptor modulator for the treatment of anxiety disorders
von:	National Center for Biotechnology Information (NCBI)	**DOI:**	10.1080/13543784.2023.2192922
Datum:	2023 Apr	**Webseite:**	PubMed
Publisher:	Expert Opin Investig Drugs		

[s67] - https://www.nimh.nih.gov/health/publications/panic-disorder-when-fear-overwhelms

Titel:	Panic Disorder: When Fear Overwhelms	**von:**	National Institute of Mental Health (NIMH)
Webseite:	National Institute of Mental Health (NIMH)		

[s68] - https://pmc.ncbi.nlm.nih.gov/articles/PMC2959081/

Autor:	Shaheen E Lakhan, Karen F Vieira	**Titel:**	Nutritional and herbal supplements for anxiety and anxiety-related disorders: systematic review
von:	Global Neuroscience Initiative Foundation, Los Angeles, CA, USA	**DOI:**	10.1186/1475-2891-9-42
Datum:	2010 Oct 7	**Webseite:**	PubMed Central (PMC)
Publisher:	Nutrition Journal		

[s69] - https://ods.od.nih.gov/factsheets/Ashwagandha-HealthProfessional/

Titel:	Ashwagandha: Is it helpful for stress, anxiety, or sleep? - Health Professional Fact Sheet	**von:**	Office of Dietary Supplements (ODS), NIH
Datum:	May 07, 2025	**Webseite:**	ods.od.nih.gov

[s70] - https://pmc.ncbi.nlm.nih.gov/articles/PMC5573566/

Autor:	Borwin Bandelow, Sophie Michaelis, Dirk Wedekind	**Titel:**	Treatment of anxiety disorders
von:	Department of Psychiatry and Psychotherapy, University Medical Center, Gottingen, Germany	**DOI:**	10.31887/DCNS.2017.19.2/bbandelow
Datum:	2017 Jun	**Webseite:**	PubMed Central (PMC)
Publisher:	Dialogues in Clinical Neuroscience		

[s71] - https://pmc.ncbi.nlm.nih.gov/articles/PMC2169321/

Autor:	Corinne Rees	**Titel:**	Childhood attachment
DOI:	10.3399/096016407782317955	**Datum:**	2007 Nov 1
Webseite:	PubMed Central (PMC)	**Publisher:**	The British Journal of General Practice

[s72] - https://pmc.ncbi.nlm.nih.gov/articles/PMC5685930/

Autor:	Cathy Spatz Widom, Sally J Czaja, Sandra Sepulveda Kozakowski, Preeti Chauhan	**Titel:**	Does Adult Attachment Style Mediate the Relationship between Childhood Maltreatment and Mental and Physical Health Outcomes?
DOI:	10.1016/j.chiabu.2017.05.002	**Datum:**	2017 May 15
Webseite:	PubMed Central (PMC)		

[s73] - https://pmc.ncbi.nlm.nih.gov/articles/PMC6920243/

Autor:	Theresa Lahousen, Human Friedrich Unterrainer, Hans-Peter Kapfhammer	**Titel:**	Psychobiology of Attachment and Trauma—Some General Remarks From a Clinical Perspective
DOI:	10.3389/fpsyt.2019.00914	**Datum:**	2019 Dec 12
Webseite:	PubMed Central (PMC)	**Publisher:**	Frontiers in Psychiatry

[s74] - https://pmc.ncbi.nlm.nih.gov/articles/PMC4845754/

Autor:	Jeffry A Simpson, W Steven Rholes	**Titel:**	Adult Attachment, Stress, and Romantic Relationships
DOI:	10.1016/j.copsyc.2016.04.006	**Datum:**	2017 Feb
Webseite:	PubMed Central (PMC)		

[s75] - https://pmc.ncbi.nlm.nih.gov/articles/PMC3885143/

Autor:	R Chris Fraley, Glenn I Roisman, Cathryn Booth-LaForce, Margaret Tresch Owen, Ashley S Holland	**Titel:**	Interpersonal and Genetic Origins of Adult Attachment Styles: A Longitudinal Study from Infancy to Early Adulthood
DOI:	10.1037/a0031435	**Datum:**	2013 Feb 11
Webseite:	PubMed Central (PMC)		

[s76] - https://pmc.ncbi.nlm.nih.gov/articles/PMC10047625/

Autor:	Elisabetta Sagone, Elena Commodari, Maria Luisa Indiana, Valentina Lucia La Rosa	**Titel:**	Exploring the Association between Attachment Style, Psychological Well-Being, and Relationship Status in Young Adults and Adults—A Cross-Sectional Study
von:	University of Catania	**DOI:**	10.3390/ejihpe13030040
Datum:	2023 Feb 24	**Webseite:**	PMC
Publisher:	MDPI		

[s77] - https://pmc.ncbi.nlm.nih.gov/articles/PMC10727987/

Autor:	Kristin Gehl, Audrey Brassard, Caroline Dugal, Audrey-Ann Lefebvre, Isabelle Daigneault, Audrey Francoeur, Tania Lecomte	**Titel:**	Attachment and Breakup Distress: The Mediating Role of Coping Strategies
von:	National Library of Medicine (NLM), National Center for Biotechnology Information (NCBI)	**DOI:**	10.1177/21676968231209232
Datum:	2023 Oct 18	**Webseite:**	PMC (PubMed Central)
Publisher:	SAGE Open		

[s78] - https://pmc.ncbi.nlm.nih.gov/articles/PMC5177451/

Autor:	Talia I Zaider, Richard G Heimberg, Masumi Iida	**Titel:**	Anxiety Disorders and Intimate Relationships: A Study of Daily Processes in Couples
von:	PubMed Central (PMC)	**DOI:**	10.1037/a0018473
Datum:	2010 Feb	**Webseite:**	pmc.ncbi.nlm.nih.gov
Publisher:	Journal of abnormal psychology		

[s79] - https://pmc.ncbi.nlm.nih.gov/articles/PMC9966679/

Autor:	Fengxia Lai, Lihong Wang, Jiyin Zhang, Shengnan Shan, Jing Chen, Li Tian	**Titel:**	Relationship between Social Media Use and Social Anxiety in College Students: Mediation Effect of Communication Capacity
von:	The First Affiliated Hospital of Soochow University; Medical College of Soochow University	**DOI:**	10.3390/ijerph20043657
Datum:	2023 Feb 18	**Webseite:**	PMC (PubMed Central)
Publisher:	International Journal of Environmental Research and Public Health		

[s80] - https://pmc.ncbi.nlm.nih.gov/articles/PMC6937966/

Autor:	Paul Crits-Christoph, Agnes Rieger, Averi Gaines, Mary Beth Connolly Gibbons	**Titel:**	Trust and respect in the patient-clinician relationship: preliminary development of a new scale
von:	University of Pennsylvania	**DOI:**	10.1186/s40359-019-0347-3
Datum:	2019 Dec 30	**Webseite:**	PMC
Publisher:	BMC Psychology		

[s81] - https://pmc.ncbi.nlm.nih.gov/articles/PMC9008851/

Autor:	Jane Bradshaw, Nazlee Siddiqui, David Greenfield, Anita Sharma	**Titel:**	Kindness, Listening, and Connection: Patient and Clinician Key Requirements for Emotional Support in Chronic and Complex Care
DOI:	10.1177/23743735221092627	**Datum:**	2022 Apr 12
Webseite:	PubMed Central (PMC)	**Publisher:**	SAGE Publications

[s82] - https://pmc.ncbi.nlm.nih.gov/articles/PMC5072574/

Autor:	Rachel Kornhaber, Kenneth Walsh, Jed Duff, Kim Walker	**Titel:**	Enhancing adult therapeutic interpersonal relationships in the acute health care setting: an integrative review
von:	University of Tasmania; Tasmanian Health Services – Southern Region; St Vincent's Private Hospital, Sydney, NSW, Australia	**DOI:**	10.2147/JMDH.S116957
Datum:	2016 Oct 14	**Webseite:**	PMC (PubMed Central)

[s83] - https://www.nia.nih.gov/health/loneliness-and-social-isolation/loneliness-and-social-isolation-tips-staying-connected

Titel:	Loneliness and Social Isolation — Tips for Staying Connected	**von:**	National Institute on Aging
Webseite:	National Institute on Aging		

[s84] - https://www.nimh.nih.gov/health/publications/so-stressed-out-fact-sheet

Titel:	I'm So Stressed Out! Fact Sheet	**von:**	National Institute of Mental Health (NIMH)
Webseite:	National Institute of Mental Health (NIMH)	**Publisher:**	National Institute of Mental Health (NIMH)

[s85] - https://pmc.ncbi.nlm.nih.gov/articles/PMC7850671/

Autor:	Qiaolan Liu, Min Jiang, Shiying Li, Yang Yang	**Titel:**	Social support, resilience, and self-esteem protect against common mental health problems in early adolescence: A nonrecursive analysis from a two-year longitudinal study
DOI:	10.1097/MD.0000000000024334	**Datum:**	2021 Jan 29
Webseite:	PubMed Central (PMC)	**Publisher:**	Medicine

[s86] - https://pmc.ncbi.nlm.nih.gov/articles/PMC9902994/

Autor:	Anjali Popat, Carolyn Tarrant	**Titel:**	Exploring adolescents' perspectives on social media and mental health and well-being – A qualitative literature review
von:	University of Leicester	**DOI:**	10.1177/13591045221092884
Datum:	2022 Jun 7	**Webseite:**	PMC (PubMed Central)

[s87] - https://pmc.ncbi.nlm.nih.gov/articles/PMC7028452/

Autor:	Juyoen Hur, Kathryn A DeYoung, Samiha Islam, Allegra S Anderson, Matthew G Barstead, Alexander J Shackman	**Titel:**	Social context and the real-world consequences of social anxiety
DOI:	10.1017/S0033291719002022	**Datum:**	2019 Aug 19
Webseite:	PubMed Central (PMC)	**Publisher:**	Psychological medicine

[s88] - https://pmc.ncbi.nlm.nih.gov/articles/PMC4553654/

Autor:	Steven M Melemis	**Titel:**	Relapse Prevention and the Five Rules of Recovery
von:	Modern Therapies, Toronto, Ontario, Canada	**Datum:**	2015 Sep 3
Webseite:	PubMed Central (PMC)	**Publisher:**	The Yale Journal of Biology and Medicine

[s89] - https://pmc.ncbi.nlm.nih.gov/articles/PMC7001357/

Autor:	Sujit Sarkhel, O P Singh, Manu Arora	**Titel:**	Clinical Practice Guidelines for Psychoeducation in Psychiatric Disorders General Principles of Psychoeducation
DOI:	10.4103/psychiatry.IndianJPsychiatry_780_19	**Datum:**	2020 Jan 17
Webseite:	PubMed Central (PMC)	**Publisher:**	Indian Journal of Psychiatry

[s90] - https://pmc.ncbi.nlm.nih.gov/articles/PMC10009370/

Autor:	Willemijn Scholten, Margreet ten Have, Carmen van Geel, Anton van Balkom, Ron de Graaf, Neeltje Batelaan	**Titel:**	Recurrence of anxiety disorders and its predictors in the general population
DOI:	10.1017/S0033291721002877	**Datum:**	2021 Jul 23
Webseite:	PubMed Central (PMC)	**Publisher:**	Psychological Medicine

[s91] - https://pmc.ncbi.nlm.nih.gov/articles/PMC6902232/

Autor:	Eva A M van Dis, Suzanne C van Veen, Muriel A Hagenaars, Neeltje M Batelaan, Claudi L H Bockting, Rinske M van den Heuvel, Pim Cuijpers, Iris M Engelhard	**Titel:**	Long-term Outcomes of Cognitive Behavioral Therapy for Anxiety-Related Disorders: A Systematic Review and Meta-analysis
von:	Utrecht University; Amsterdam Universitair Medisch Centrum; University of Amsterdam; Vrije Universiteit Amsterdam	**DOI:**	10.1001/jamapsychiatry.2019.3986
Datum:	2019 Nov 23	**Webseite:**	PMC (PubMed Central)
Publisher:	JAMA Psychiatry		

[s92] - https://pmc.ncbi.nlm.nih.gov/articles/PMC4694550/

Autor:	Jeremy D Coplan, Cindy J Aaronson, Venkatesh Panthangi, Younsuk Kim	**Titel:**	Treating comorbid anxiety and depression: Psychosocial and pharmacological approaches
von:	National Center for Biotechnology Information (NCBI)	**DOI:**	10.5498/wjp.v5.i4.366
Datum:	2015 Dec 22	**Webseite:**	PMC (PubMed Central)
Publisher:	World Journal of Psychiatry		

[s93] - https://dx.doi.org/10.3346/jkms.2024.39.e94

Autor:	Lee, Eunyoung; Hong, Jung Kyung; Choi, Hayun; Yoon, In-Young	**Titel:**	Modest Effects of Neurofeedback-Assisted Meditation Using a Wearable Device on Stress Reduction: A Randomized, Double-Blind, and Controlled Study
von:	Seoul National University Bundang Hospital; Seoul National University College of Medicine; Veteran Health Service Medical Center	**DOI:**	10.3346/jkms.2024.39.e94
Datum:	2024/03/07	**Webseite:**	Journal of Korean Medical Science

[s94] - https://pmc.ncbi.nlm.nih.gov/articles/PMC4718567/

Autor:	Joanna Arch, Georg H Eifert, Carolyn Davies, Jennifer C Plumb Vilardaga, Raphael D Rose, Michelle G Craske	**Titel:**	Randomized clinical trial of cognitive behavioral therapy (CBT) versus acceptance and commitment therapy (ACT) for mixed anxiety disorders
DOI:	10.1037/a0028310	**Datum:**	2012 May 7
Webseite:	PubMed Central (PMC)	**Publisher:**	Journal of consulting and clinical psychology

[s95] - https://pmc.ncbi.nlm.nih.gov/articles/PMC5509623/

Autor:	Lilian Dindo, Julia R Van Liew, Joanna J Arch	**Titel:**	Acceptance and Commitment Therapy: A Transdiagnostic Behavioral Intervention for Mental Health and Medical Conditions
DOI:	10.1007/s13311-017-0521-3	**Datum:**	2017 Mar 7
Webseite:	PubMed Central (PMC)		

[s96] - https://pmc.ncbi.nlm.nih.gov/articles/PMC4244236/

Autor:	Michelle G Craske, Andrea N Niles, Lisa J Burklund, Kate B Wolitzky-Taylor, Jennifer C Plumb Vilardaga, Joanna J Arch, Darby E Saxbe, Matthew D Lieberman	**Titel:**	Randomized controlled trial of cognitive behavioral therapy and acceptance and commitment therapy for social phobia: outcomes and moderators
von:	University of California, Los Angeles; University of Southern California; VA Puget Sound Health Care System; University of Colorado at Boulder	**DOI:**	10.1037/a0037212
Datum:	2014 Jul 7	**Webseite:**	PubMed Central (PMC)
Publisher:	Journal of consulting and clinical psychology		

[s97] - https://pmc.ncbi.nlm.nih.gov/articles/PMC4842179/

Autor:	Andrea N Niles, Lisa J Burklund, Joanna J Arch, Matthew D Lieberman, Darby Saxbe, Michelle G Craske	**Titel:**	Cognitive Mediators of Treatment for Social Anxiety Disorder: Comparing Acceptance and Commitment Therapy and Cognitive-Behavioral Therapy
von:	University of California, Los Angeles	**DOI:**	10.1016/j.beth.2014.04.006
Datum:	2014 May 5	**Webseite:**	PMC (PubMed Central)
Publisher:	Behavior therapy		

[s98] - https://pmc.ncbi.nlm.nih.gov/articles/PMC3122271/

Autor:	Barbara L Fredrickson	**Titel:**	The Role of Positive Emotions in Positive Psychology: The Broaden-and-Build Theory of Positive Emotions
von:	University of Michigan	**DOI:**	10.1037//0003-066x.56.3.218
Datum:	2001 Mar	**Webseite:**	PubMed Central (PMC)
Publisher:	The American psychologist		

[s99] - https://pmc.ncbi.nlm.nih.gov/articles/PMC8500371/

Autor:	Esther Mesman, Annabel Vreeker, Manon Hillegers	**Titel:**	Resilience and mental health in children and adolescents: an update of the recent literature and future directions
von:	Department of Child and Adolescent Psychiatry/Psychology, Erasmus MC Sophia Children's Hospital, Rotterdam, the Netherlands	**DOI:**	10.1097/YCO.0000000000000741
Datum:	2021 Sep 21	**Webseite:**	PubMed Central (PMC)

[s100] - https://www.nih.gov/health-information/emotional-wellness-toolkit

Titel:	Emotional Wellness Toolkit	**von:**	National Institutes of Health (NIH)
Datum:	2017-04-07	**Webseite:**	NIH.gov
Publisher:	National Institutes of Health		

[s101] - https://pmc.ncbi.nlm.nih.gov/articles/PMC4013452/

Autor:	Emma Childs, Harriet de Wit	**Titel:**	Regular exercise is associated with emotional resilience to acute stress in healthy adults
von:	The University of Chicago	**DOI:**	10.3389/fphys.2014.00161
Datum:	2014 May 1	**Webseite:**	PubMed Central (PMC)
Publisher:	Frontiers in Physiology		

[s102] - https://pmc.ncbi.nlm.nih.gov/articles/PMC6464102/

Autor:	Isabella Helmreich, Angela Kunzler, Andrea Chmitorz, Jochem König, Harald Binder, Michèle Wessa, Klaus Lieb	**Titel:**	Psychological interventions for resilience enhancement in adults
von:	National Center for Biotechnology Information (NCBI)	**DOI:**	10.1002/14651858.CD012527
Datum:	2017 Feb 2	**Webseite:**	PubMed Central (PMC)
Publisher:	The Cochrane Database of Systematic Reviews		

[s103] - https://pmc.ncbi.nlm.nih.gov/articles/PMC9534006/

Autor:	Casey D Calhoun, Katie J Stone, Adam R Cobb, Megan W Patterson, Carla Kmett Danielson, Jason José Bendezú	**Titel:**	The Role of Social Support in Coping with Psychological Trauma: An Integrated Biopsychosocial Model for Posttraumatic Stress Recovery
DOI:	10.1007/s11126-022-10003-w	**Datum:**	2022 Oct 5
Webseite:	PubMed Central (PMC)		

[s104] - https://pmc.ncbi.nlm.nih.gov/articles/PMC11929683/

Autor:	Yakup İme, Rumeysa Hoşoğlu Kama, Nihan Çitemel Arslan	**Titel:**	Pathway from Earthquake Fear to Post-Traumatic Growth: The Roles of Resilience, Self-Efficacy, and Positive Childhood Memories Among Survivors of the 2023 Türkiye Earthquakes
DOI:	10.1007/s11126-025-10113-1	**Datum:**	2025 Jan 23
Webseite:	PubMed Central (PMC)		

Bild-Quellen

Die nicht aufgelisteten Bilder stammen entweder aus eigener Erstellung oder wurden mit entsprechender Lizenz erworben. Für diese Bilder sind alle Rechte vorbehalten.

Für alle anderen, hier aufgelisteten Bilder gilt:
Keines der Bilder wurde verändert, lediglich die Auflösung wurde angepasst. In der eBook-Version wurden die Bilder zu nummerierten Collagen zusammengestellt. Alle Bilder unterliegen weiterhin ihrer ursprünglichen Lizenz und werden gemäß ihrer jeweiligen Lizenzbestimmungen verwendet. Sollten Sie Fehler bei der Zuordnung oder andere Unstimmigkeiten entdecken, kontaktieren Sie uns bitte.

Datum der finalen Bildprüfung: 2025-06-11.

Verwendete Lizenz

CC0 http://creativecommons.org/publicdomain/zero/1.0/deed.en

Bildnachweise

[i1] - 001_001_002_image_cortisol.jpeg
https://upload.wikimedia.org/wikipedia/commons/0/06/Cortisol-3D-spacefill.png
Date: 2011-03-12 **von:** Jynto
License: CC0

[i2] - 001_001_002_image_gehirn.jpeg
https://upload.wikimedia.org/wikipedia/commons/5/50/Computed_tomography_of_human_brain_-_large.png
Date: Uploaded **von:** Shashi.
Künstler: Mikael Häggström **License:** CC0

[i3] - 001_001_002_image_stress.jpeg
https://upload.wikimedia.org/wikipedia/commons/6/62/Canva_-_Woman_Feeling_Emotional_Stress.jpg
Date: 2016-07-04 **von:** Carovinc2
Künstler: MismibaTinasheMadando **License:** CC0

[i4] - 001_001_003_image_schuechternheit.jpeg
https://upload.wikimedia.org/wikipedia/commons/0/0f/Kiruna_church_2009_16_Blyghet_%E2%80%93_Shyness_-_H%C3%A4belikkus.jpg
Date: 2009-06-27 **von:** Rünno
License: Public domain

[i5] - 001_001_003_image_soziale_angst.jpeg
https://upload.wikimedia.org/wikipedia/commons/9/97/Girl_with_sad_face.jpg

Date:	2013-04-06	**von:**	Wilfredor
License:	CC0		

[i6] - 001_001_003_image_vermeidungsverhalten.jpeg
https://upload.wikimedia.org/wikipedia/commons/4/43/Loneliness_in_a_Crowd.jpg

Date:	21 August 2017	**von:**	Leoboudv
Künstler:	Graehawk	**License:**	CC0

[i7] - 001_001_003_image_amygdala.jpeg
https://upload.wikimedia.org/wikipedia/commons/0/08/Amgydala.jpg

Date:	2008	**von:**	Woutergroen
License:	Public domain		

[i8] - 001_002_001_image_muskelverspannung.jpeg
https://upload.wikimedia.org/wikipedia/commons/a/ab/U.S._Air_Force_Lt._Col._Tim_Kaczmar_places_acupuncture_needles_into_a_patient%27s_lower_back_to_relieve_muscle_tension_at_Kandahar_Airfield%2C_Afghanistan%2C_Aug._21%2C_2010_100819-F-OL185-551.jpg

Date:	2010-08-21	**von:**	Fae
Künstler:	TSgt. Chad Chisholm	**License:**	Public domain

[i9] - 001_002_002_image_soziale_isolation.jpeg
https://upload.wikimedia.org/wikipedia/commons/1/18/Males-2358244_1920.jpg

Date:	2018-11-14	**von:**	Ksbochenski
Künstler:	3dman_eu	**License:**	CC0

[i10] - 002_001_001_image_zwerchfellatmung.jpeg
https://upload.wikimedia.org/wikipedia/commons/6/67/Paul_Von_Boeckman_advert.png

Date:	1913	**von:**	Veg Historian
Künstler:	AnonymousUnknown author	**License:**	Public domain

[i11] - 002_001_003_image_achtsamkeitsmeditation.jpeg
https://upload.wikimedia.org/wikipedia/commons/9/98/Sukhesikarama_Mindful_Forest_Meditation_Center.jpg

Date:	2024-02-15	**von:**	Cun Cun
License:	CC0		

[i12] - 002_001_003_image_yoga.jpeg
https://upload.wikimedia.org/wikipedia/commons/a/a8/Stretching_yoga_exercise_%28147548a6-935d-8bb8-9d98-0ac9fd66c142%29.jpg

Date:	Taken	**von:**	BMacZeroBot
Künstler:	NPS	**License:**	Public domain

[i13] - 002_003_001_image_depression.jpeg
https://upload.wikimedia.org/wikipedia/commons/5/54/Depression-loss_of_loved_one.jpg

Date:	2009-04-15	**von:**	Baker131313
License:	Public domain		

[i14] - 002_003_002_image_ohrstoepsel.jpeg
https://upload.wikimedia.org/wikipedia/commons/b/b8/Disposable_foam_earplugs.jpg

Date:	2021-08-31	**von:**	Fornax
License:	Public domain		

[i15] - 002_003_003_image_gemuese.jpeg
https://upload.wikimedia.org/wikipedia/commons/b/b7/%22Get_the_Good...From_Vegetables%22_-_NARA_-_514365.jpg

Date:	between	**von:**	US National Archives bot
Künstler:	class="fn value"> Unknown authorUnknown author or not provided	**License:**	Public domain

[i16] - 002_003_003_image_obst.jpeg
https://upload.wikimedia.org/wikipedia/commons/e/e4/%22Home_Canning_Fruits_Preparation%22_-_NARA_-_514514.jpg

Date:	between	**von:**	US National Archives bot
Künstler:	class="fn value"> Unknown authorUnknown author or not provided	**License:**	Public domain

[i17] - 003_001_002_image_stressbewaeltigung.jpeg
https://upload.wikimedia.org/wikipedia/commons/9/9a/Seabees_Discuss_Stress_Management_%284999963l%29.jpg

Date:	Taken	**von:**	OptimusPrimeBot
Künstler:	U.S. Navy photo by [null Courtesy]	**License:**	Public domain

[i18] - 003_001_002_image_verhaltensmuster.jpeg
https://upload.wikimedia.org/wikipedia/commons/6/67/Dissociating_art.jpg

Date:	2016-05-27	**von:**	Amousey
Künstler:	Dyversions	**License:**	CC0

[i19] - 003_001_003_image_angst.jpeg
https://upload.wikimedia.org/wikipedia/commons/e/ec/Fear_MET_DP281277.jpg

Date:	circa	**von:**	Pharos
Künstler:	Henry Peach Robinson	**License:**	Public domain

[i20] - 003_002_001_image_achtsamkeitsbasierte_meditation.jpeg
https://upload.wikimedia.org/wikipedia/commons/c/c1/School_children_meditating.jpg

Date:	2014-10-13	**von:**	Farang Rak Tham
Künstler:	Kochphon (Honey) Onshawee	**License:**	CC0

[i21] - 003_002_002_image_psychisches_wohlbefinden.jpeg
https://upload.wikimedia.org/wikipedia/commons/f/ff/Veteran_Wellbeing_Bridging_the_Divide_%2827966047470%29.jpg

Date:	2000-01-01	**von:**	RandomUserGuy1738
Künstler:	Veterans Health	**License:**	Public domain

[i22] - 003_003_001_image_5ht1arezeptor.jpeg
https://upload.wikimedia.org/wikipedia/commons/9/93/7e2y_putty_outline_and_ribbon.png

Date:	2021-07-10	**von:**	Towelbin
License:	CC0		

[i23] - 003_003_001_image_spannungsabhaengiger_calciumkanal.jpeg
https://upload.wikimedia.org/wikipedia/commons/4/44/8FD7_PDB_ca_channel_w_GBP.png

Date:	2025-01-02	**von:**	Taylorchas
License:	CC0		

[i24] - 003_003_003_image_ashwagandha.jpeg
https://upload.wikimedia.org/wikipedia/commons/4/48/Aswagandhaherb11.jpg

Date:	2008-11-22	**von:**	Piouswatson
License:	Public domain		

[i25] - 003_003_003_image_kava.jpeg
https://upload.wikimedia.org/wikipedia/commons/2/27/Piper_methysticum_%28kava%2C_awa%29.jpg

Date:	2008-06-06	**von:**	Laboz125
Künstler:	Scot Nelson	**License:**	CC0

[i26] - 003_003_003_image_passionsblume.jpeg
https://upload.wikimedia.org/wikipedia/commons/c/cf/Piet_Mondriaan_-_Passiebloem.jpg

Date:	Circa	**von:**	Hannolans
Künstler:	Piet Mondrian	**License:**	Public domain

[i27] - 004_001_001_image_kindliche_vernachlaessigung.jpeg
https://upload.wikimedia.org/wikipedia/commons/9/93/Child_depressed_alone_poverty.jpg

Date:	2015-04-26	**von:**	Amousey
Künstler:	DarkWorkX	**License:**	CC0

[i28] - 004_001_001_image_traumatische_erlebnisse.jpeg
https://upload.wikimedia.org/wikipedia/commons/e/e7/Trauma_Towers.jpg

Date:	2010-08-30	**von:**	AxaxaxaxMlö
License:	Public domain		

[i29] - 004_002_001_image_kommunikation.jpeg
https://upload.wikimedia.org/wikipedia/commons/b/b4/Communication_to_promote_equity%2C_Burundi_%2825166138278%29.jpg

Date:	2017-03-22	**von:**	Animalparty
Künstler:	USAID in Africa	**License:**	Public domain

[i30] - 004_002_002_image_aktives_zuhoeren.jpeg
https://upload.wikimedia.org/wikipedia/commons/0/05/U.S._Navy_Chief_Master-at-Arms_Quincy_Jackson%2C_left%2C_assigned_to_Joint_Task_Force_Guantanamo%2C_instructs_advocate_candidates_in_active_listening_techniques_during_the_practical_portion_of_sexual_assault_victim_090930-N-WX111-018.jpg

Date:	Taken	**von:**	Fae
Künstler:	MC1 Katherine Hofman	**License:**	Public domain

[i31] - 004_002_003_image_resilienz.jpeg
https://upload.wikimedia.org/wikipedia/commons/f/f2/SpaceX_Crew-1_Resilience_shortly_before_undocking_%28ISS065-E-011343%29.jpg

Date:	Taken	**von:**	Huntster
Künstler:	NASA	**License:**	Public domain

[i32] - 004_003_001_image_entspannungstechniken.jpeg
https://upload.wikimedia.org/wikipedia/commons/2/28/Gustave_Courbet_027.jpg

Date:	2020-07-07	**von:**	Pyb
License:	Public domain		

[i33] - 005_001_001_image_sozialer_rueckzug.jpeg
https://upload.wikimedia.org/wikipedia/commons/0/01/Alone_in_the_unspoilt_wilderness_%28Unsplash%29.jpg

Date:	2016-07-25	**von:**	Fae
Künstler:	davidmarcu	**License:**	CC0

[i34] - 005_001_002_image_erstehilfekasten.jpeg
https://upload.wikimedia.org/wikipedia/commons/e/ea/Plastic_First-aid_box.jpg

Date:	2024-04-13	**von:**	Beendy234
License:	CC0		

[i35] - 005_001_002_image_rauchmelder.jpeg
https://upload.wikimedia.org/wikipedia/commons/6/63/System_Sensor_6500_Beam_Smoke_Detector.jpg

Date:	2024-05-03	**von:**	Dunn17
License:	CC0		

[i36] - 005_002_001_image_neurofeedback.jpeg
https://upload.wikimedia.org/wikipedia/commons/f/fb/EEG_early_studies_edited.jpg

Date:	2022-04-23	**von:**	Ras67
Künstler:	D Smith	**License:**	Public domain

[i37] - 005_002_001_image_autogenes_training.jpeg
https://upload.wikimedia.org/wikipedia/commons/e/e9/DK-Haltung.jpg

Date:	1980-01-01	**von:**	Neuthaler
License:	Public domain		

[i38] - 005_003_002_image_widerstandsfaehigkeit.jpeg
https://upload.wikimedia.org/wikipedia/commons/0/0d/Crew_Dragon_Resilience_Crew-1.jpg

Date:	Taken	**von:**	Ultimograph5
Künstler:	SpaceX	**License:**	CC0

[i39] - 005_003_003_image_kindheitserinnerungen.jpeg
https://upload.wikimedia.org/wikipedia/commons/9/94/Childhood_Camera.jpg

Date:	2022-12-07	**von:**	Abinayasekar357
License:	CC0		

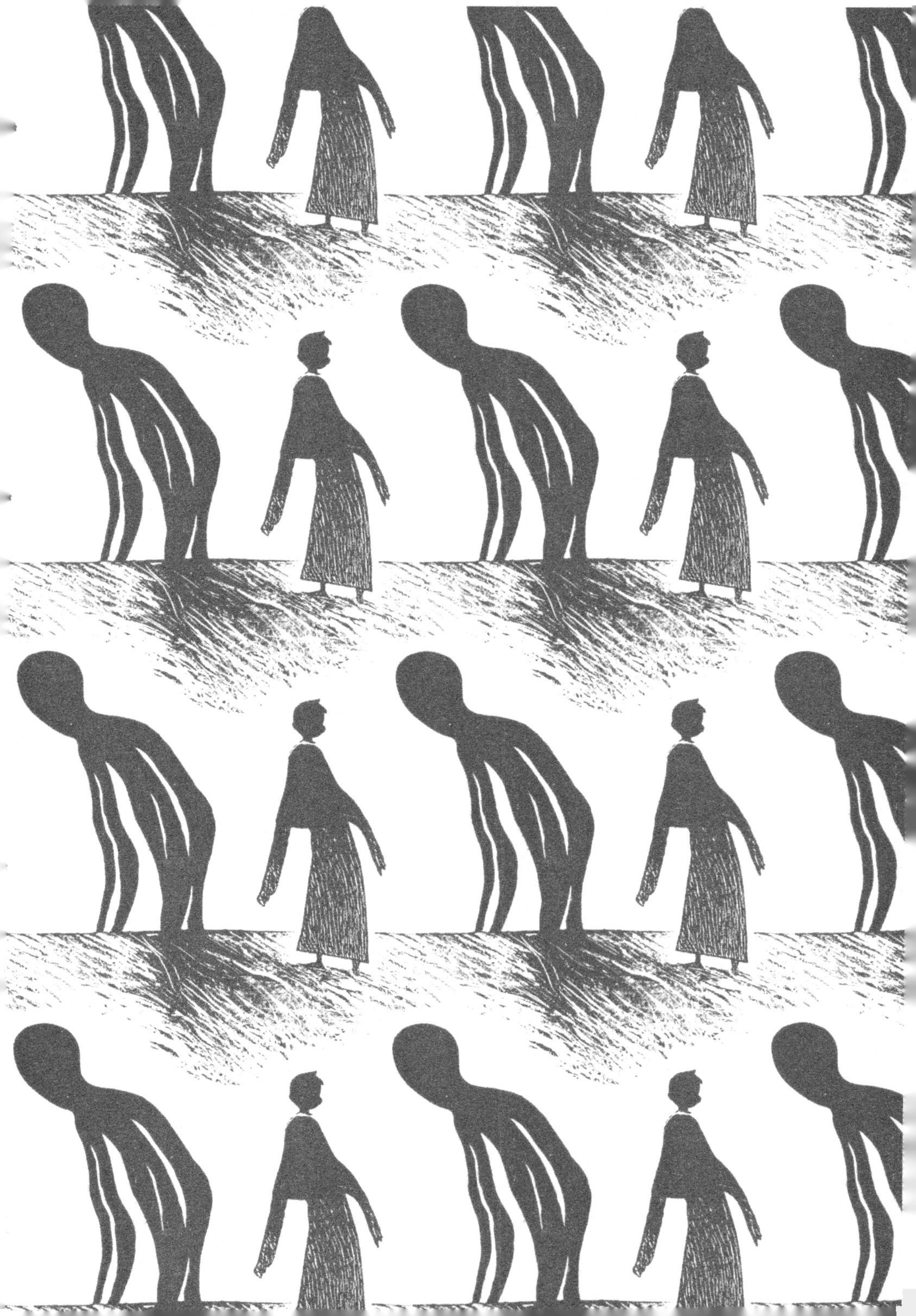

www.ingramcontent.com/pod-product-compliance
Lightning Source LLC
LaVergne TN
LVHW010914051026
849532LV00003B/699
* 9 7 8 3 6 9 1 4 1 1 4 7 8 *